CODE-MANUEL

DE LA PRESSE.

MONTMARTRE. — IMP. PILLOY FRÈRES ET Cᵉ,
Boulevard Pigale, 50.

CODE-MANUEL

DE LA

PRESSE

Imprimerie, Librairie,
— Affichage et Colportage. —

PAR

HIPP. DUBOY,
Avocat à la Cour de Cassation et au Conseil d'État;

ET

CH. JACOB,
Avocat à la Cour d'Appel, auteur du *Commentaire sur la Saisie immobilière* et du *Code des Prud'hommes*.

PARIS,
JOUBERT, ÉDITEUR, PASSAGE DAUPHINE.

1851

INTRODUCTION.

L'ouvrage que nous livrons au public n'est point un travail de jurisconsulte. La législation sur la presse, l'imprimerie et la librairie, n'est pas susceptible de servir de sujet à une œuvre de cette nature. Les lois, dont elle se compose, inspirées presque toujours par l'obstacle du moment, ou par des dangers chimériques, n'ont jamais été un ouvrage réfléchi de la raison humaine. Aussi, leurs dispositions ont généralement un caractère de confusion, d'obscurité, d'incohérence, qui en rend l'étude extrêmement rebutante aux avocats eux-mêmes. En poursuivant la pensée et en la rendant responsable des misères et du mécontentement, les divers législateurs n'ont eu qu'un but, celui de frapper les publicistes dont les doctrines leur portaient ombrage. Et à force de travailler dans ce sens, ils ont entouré la profession de journaliste de tant de périls, de tant d'écueils, qu'elle est devenue presqu'impossible. La multiplicité des lois de répression ou de règlementation, l'incertitude de savoir si certaines dispositions sont abrogées ou non, ajoutent encore aux perplexités de l'écrivain. Et si, en outre, on réfléchit que bien souvent les hommes de loi eux-mêmes, par lassitude ou par dégoût, ne veulent pas prendre la peine de chercher dans cet arsenal et d'étudier les dispositions ténébreuses de cette législation, on s'aperçoit bientôt que le publiciste n'a pas même la ressource que possèdent les criminels, celle de s'éclairer par des conseils.

C'est pour atténuer, autant que nos efforts pourront le permettre, la gravité de tous ces périls, que nous avons entrepris ce commentaire. Nous n'avons point cherché par de longs raisonnements à justifier nos opinions : les longs raisonnements n'auraient fait qu'ajouter encore à la confusion des textes. D'ailleurs, nous ne nous adressons pas à des hommes de science, mais à des hommes pratiques, qui n'ont ni le temps, ni la volonté d'étudier la législation : il leur faut par conséquent des solutions et non des théories. Notre but a été de faire connaître toutes les incriminations dont un écrit peut être l'objet, toutes les peines auxquelles son auteur est exposé, et enfin, *autant que possible*, la juridiction compétente pour chaque délit ou contravention. Quand même nous aurions réduit notre travail à une simple nomenclature embrassant ces divers sujets, il nous semble qu'il n'en aurait pas moins encore une grande utilité. Cela, en effet, pourrait suffire à la rigueur pour éclairer les publicistes, les imprimeurs, les libraires, etc., et pour leur montrer les écueils sur lesquels ils sont exposés à se briser.

Nous n'avons donc fait autre chose qu'une exposition méthodique de la législation et qu'un commentaire concis des textes et nous nous sommes gardés d'indiquer les réformes qu'ils appellent. La raison en est simple. Selon nous la liberté de la presse ne peut s'accomoder de ces dispositions gothiques, qui n'ont vu le jour, à l'exception des lois de 1819, qu'à des époques de ferveur réactionnaire et dont l'obscurité aggrave encore les dangers. Elle est incompatible avec le cautionnement et les droits du timbre, avec les entraves apportées à la circulation des journaux, avec les autorisations préalables pour le colportage, avec la nécessité des brevets imposés aux imprimeurs et aux libraires, avec la responsabilité des imprimeurs, quand l'auteur n'est pas inconnu, avec le droit de punir le journal reproducteur, quand celui qui a publié l'écrit n'est pas poursuivi; enfin, avec ces incriminations vagues et sans caractère précis qui abondent, notamment dans les lois les plus récentes.

Après cette déclaration il sera facile de comprendre la réserve que nous avons gardée. Nous n'aspirions d'ailleurs qu'à un seul but, celui d'être utiles aux hommes, que tant de dangers environnent et qui souvent n'ont pas un conseil pour s'éclairer.

LIVRE PREMIER.

DE LA PRESSE PÉRIODIQUE.

§ PREMIER — DES JOURNAUX.

1. L'article premier de la loi de 1828 qui reconnaît à tout Français majeur, jouissant de ses droits civils, la faculté de pouvoir publier un journal, serait de nature à surprendre, car un droit naturel n'a pas besoin d'être écrit, et incontestablement la publication d'un journal, qui n'est autre chose que l'expression de la pensée sous une certaine forme, est un droit naturel.

Mais la pauvre presse a été victime de tant de haines que cet article était nécessaire pour justifier, ou tout au moins pour expliquer le passé. Une loi du 17 mars 1822 avait soumis l'établissement des journaux à l'autorisation préalable du roi. La loi de 1828, en l'abrogeant, a introduit un droit nouveau ; de là la nécessité de l'article Ier. Du reste on verra par les dispositions qui vont suivre et dont la loi de 1850 a encore aggravé les rigueurs, que la faculté accordée à tout Français jouissant de ses droits civils de publier un journal, est une illusion pour le grand nombre, tant les entraves qu'on y a apportées sont nombreuses et dures.

Il ne faut pas d'ailleurs se méprendre ; il ne s'agit

point ici du droit de publier son opinion, droit qui appartient à tous sans exception, mais de celui d'éditer un journal et de le signer en qualité de gérant.

Cependant quelques auteurs se sont imaginés que les conditions d'idonéité prescrite par notre article étaient exigées des propriétaires de journaux. Nous ne croyons pas que le législateur ait eu une pensée aussi naïve, car il serait trop facile d'éluder ses prescriptions par une simulation qui ne pourrait avoir pour conséquence de priver le propriétaire d'un seul de ses droits. D'un autre côté, s'il s'agit d'une société, les noms des seuls associés en nom collectif devant être mentionnés dans la déclaration, les conditions d'idonéité ne seraient nécessaires que pour ceux-ci. Enfin, les termes de l'article premier de la loi s'opposent à l'interprétation que nous combattons, car le propriétaire d'un journal n'est point celui qui le *publie* : il n'est autre chose que le banquier, le bailleur de fonds de l'entreprise. Le véritable publicateur est le gérant. Cela est si vrai que dans la discussion de la loi du 18 juillet 1828, il a eté plus d'une fois répété, et il a été unanimement reconnu qu'une femme, un mineur, un interdit peuvent devenir par succession, *propriétaires* de journaux, tandis qu'il ne peuvent être gérants responsables.

2. Nous venons de voir ce que l'on devait entendre par le droit de publier, examinons maintenant ce que le législateur a appelé un *journal ou écrit périodique.*

En lisant ces mots : *journal ou écrit périodique*, on serait tenté de croire que les deux expressions sont synonimes et qu'un journal est par conséquent une publication périodique c'est-à-dire une publication, paraissant à des intervalles fixes et réguliers. Eh bien ! rien ne serait moins fondé que cette opinion. La tendresse des législateurs pour la presse leur a fait ranger dans la classe des journaux, les écrits paraissant par *livraison* et *irrégulièrement* (Art. Ier de la loi du 9 juin 1819, § Ier de l'art. 2 la loi du 18 juillet 1828, article Ier de la loi du 22 décembre 1830, article premier de la loi du 16 juillet 1850). Par conséquent, toute publication ayant un caractère politique doit être, aux termes des dispositions précitées, considérée comme un journal, si elle paraît non pas plus de deux fois par mois, comme l'exigeaient les dispositions que nous venons de citer, mais moins de trois fois par semaine ! C'est-à-dire qu'un écrit qui paraîtrait trois fois dans une année, à des intervalles irréguliers, pourrait être qualifié de journal ! Il faut ajouter que les tribunaux usent d'une liberté d'interprétation illimitée en cette matière. Ainsi, l'on a jugé que l'écrit paraissant sous des titres différents à des époques successives déterminées ou indéterminées, — même sans abonnés ni liste d'abonnement, — ou bien composé de satires en vers, constituait un journal soumis au timbre et au cautionnement, s'il touchait à *ce qui concerne la politique* (Cass. 29 décembre 1831) ; expression tellement large qu'elle comprend jusqu'à la discussion des actes de l'autorité municipale.

Nous expliquons la loi ; nous ne la jugeons pas. Nous ne saurions d'ailleurs être sur ce point plus sévères que l'auteur du Recueil général des arrêts (S. D. 31. 1. 149).

§ 2. — DU CAUTIONNEMENT.

3. La première restriction à la liberté de publier un journal, est le cautionnement. Cette institution a subi de fréquentes modifications.

La loi du 16 juillet 1850, constitue le dernier état de la législation sur cette matière.

Le cautionnement et le timbre sont, avec la censure préalable, les principaux moyens préventifs que les adversaires de la liberté de la presse ont employés contre elle. Nous n'avons rien à dire que tout le monde ne sache sur ces deux entraves que le peuple avait détruites avec la monarchie : leur rétablissement ne sera vraisemblablement pas définitif ; néanmoins il est nécessaire d'examiner d'abord, avec attention, les nombreuses formalités qui dérivent de l'obligation de fournir un cautionnement.

Cette mesure fiscale, véritable débris du régime censitaire, a pour but de garantir la société contre l'insolvabilité des journalistes frappés par des condamnations judiciaires. L'article 3 de la loi du 9 juin 1819 porte que le cautionnement est affecté, par privilége, aux dépens, dommages-intérêts et amendes prononcés contre les éditeurs des journaux : le prélèvement doit s'opérer dans l'ordre que nous venons d'indiquer.

La publication d'un journal sans cautionnement constitue une infraction qui doit être poursuivie contre le publicateur. Par arrêt de la Cour de cassation des 3 septembre 1835 et 23 janvier 1836, il a été jugé que ce fait pouvait donner lieu à autant de condamnations qu'il y avait eu de *poursuites distinctes*, sauf ensuite à ne cumuler les peines que jusqu'à concurrence du maximum. Mais cette exception n'est plus vraie, car la Cour de cassation a récemment jugé que l'art. 365 du C. d'Inst. Cr. qui proscrit le cumul des peines, était inapplicable aux contraventions. Cette décision est contraire à l'ancienne jurisprudence.

4. Jusqu'en 1850, on avait toujours regardé les écrits politiques mensuels comme étant d'une innocuité parfaite, et la loi de 1828 ne les avait pas astreints au cautionnement. Mais la loi du 16 juillet 1850, innovant sur ce point comme en beaucoup d'autres, les a assimilés aux journaux paraissant trois fois par semaine ou à des intervalles plus éloignés. Cette disposition qui a servi de linceul aux publications ouvrières que le gouvernement monarchique n'avait jamais tourmentées, rend presque impossible l'existence des revues, c'est-à-dire des écrits les moins redoutables aux gouvernements. C'est donc une rigeur inutile et maladroite.

5. Le législateur n'a pas exigé de tous les journaux indistinctement la garantie fiscale du cautionnement. Il en a nommément dispensé :

1° Les journaux ou écrits périodiques exclusivement consacrés, soit aux sciences mathématiques, physiques et naturelles, soit aux travaux et recherches d'érudition, soit aux arts mécaniques et libéraux, c'est-à-dire aux sciences et aux arts dont s'occupent les trois académies des sciences, des inscriptions et des beaux-arts.

2° Les journaux ou écrits périodiques, étrangers aux matières politiques, et exclusivement consacrés aux lettres ou à d'autres branches de connaissances non spécifiées précédemment, pourvu qu'ils ne paraissent au plus que deux fois par semaine.

3° Tous les écrits périodiques étrangers aux matières politiques et qui seront publiés dans une autre langue que la langue française.

4° Enfin les feuilles périodiques exclusivement consacrées aux avis, annonces, affaires judiciaires, arrivages maritimes, mercuriales et prix-courants.

Nous n'avons qu'une observation à faire sur cette nomenclature, c'est que les mots *matières politiques* sont doués d'une prodigieuse élasticité et, bien qu'en cas de doute sur le point de savoir si un journal traite ou non de matières politiques, ce doute doive être interprété en faveur du prévenu, cependant la tendance à faire considérer comme matière politique toute espèce de discussion d'un intérêt tant soit peu général est immense (Cass. 29 décembre 1831, 6 juin et 3 juillet 1840). Aussi les rédacteurs d'un journal non cautionné devront-ils écrire avec la plus grande réserve !

Si un journal politique paraît sans cautionnement, ou, si un des journaux dispensés de fournir un cautionnement traite de matières politiques, l'éditeur ou gérant commet une contravation punissable d'un emprisonnement d'un mois à six mois et d'une amende de 200 fr. à 1,200 fr. (Article 6 de la loi du 9 juin 1819.)

6. L'article premier de la loi de 1850 prescrit le versement d'un cautionnement dont le chiffre varie suivant les localités dans lesquelles a lieu la publication. Ainsi pour les départements de la Seine, Seine-et-Oise, Seine-et-Marne et du Rhône, le cautionnement est fixé à 24,000 fr. « si le journal paraît plus de trois fois par semaine, soit à jour fixe, soit par livraisons irrégulières. » La loi n'assigne pas ici de maximum à la périodicité du journal. D'où il suit que le journal qui paraîtrait 10 ou 20 fois par semaine ne serait astreint qu'à un cautionnement de 24,000 fr. comme celui qui paraît quatre fois seulement.

Ainsi, les journaux cautionnés à 24,000 fr., peuvent paraître un nombre de fois illimité. *A fortiori*, ils peuvent faire plusieurs éditions ; car une édition n'est pas un journal nouveau, c'est la reproduction de l'ancien avec des modifications qui peuvent être même assez sensibles. Aucune loi n'interdit non plus aux journaux d'avoir deux registres d'abonnements, l'un pour le numéro du dimanche, par exemple, l'autre pour tous numéros paraissant dans la semaine.

Si le journal ne paraît que trois fois par semaine ou à des intervalles plus éloignés, le cautionnement est de 18,000 fr. seulement.

Il est encore moins considérable dans les autres départements. Ainsi dans les villes de cinquante mille âmes et au-dessus, le journal paraissant plus de cinq fois par semaine doit fournir un cautionnement de 6,000 fr. et 3,000 fr. seulement s'il ne paraît que cinq fois par semaine et à des intervalles plus éloignés.

Partout ailleurs, il n'est assujetti qu'à 3,600 fr. pour une publication de plus de cinq fois par semaine, et à 1,800 fr. pour une publication moindre.

Dans tous les cas, ce cautionnement doit être versé au Trésor et en numéraire.

Le gérant doit fournir la preuve du dépôt au procureur de la République du lieu de l'impression, avant de faire paraître le journal. Il est obligé d'en retirer récépissé, aux termes de l'art. 1er de l'Ord. du 29 juillet 1828.

Toute publication d'un journal sans avoir fourni le cautionnement suffisant à raison de la classe dans laquelle ce journal se place, d'après sa périodicité, constitue une contravention passible d'un mois à six mois de prison, et d'une amende de 200 fr. à 1,200 fr.

§ 3. — DU GÉRANT.

7. Le cautionnement ne semble pas avoir suffi au législateur de 1828 ; il a voulu aller plus loin encore et s'immiscer jusques dans l'administration intérieure du journal. C'est pour cela qu'il a exigé, qu'en cas d'as-

sociation, la société fût une de celles qui sont définies et régies par le Code de commerce, contrairement au principe de la liberté des contrats, comme s'il s'agissait d'une chose d'ordre public.

Si les fondateurs d'un journal sont des associés, pour se mettre en règle avec le ministère public ils devront rédiger des statuts dans lesquels ils désigneront ceux d'entre eux qu'ils auront choisis pour gérants. Si la société est en nom collectif, ils seront solidaires de tous les engagements, encore qu'un seul ait signé. Si elle est en commandite, les gérants seront solidaires et responsables : les simples actionnaires bailleurs de fonds ne seront passibles des pertes que jusqu'à concurrence de leur mise. On pourra aussi stipuler qu'un seul des gérants administrera, sauf à le faire remplacer par un autre, en cas de condamnation, afin d'être toujours prêt à présenter aux regards attentifs du ministère public une position parfaitement régulière ; mais il est douteux qu'on puisse dispenser un gérant de l'obligation de posséder un quart du cautionnement, car la loi porte *chacun*. En général la société en commandite à l'égard des actionnaires et en nom collectif à l'égard des administrateurs est celle qui nous paraît devoir convenir le mieux à l'exploitation des journaux, c'est aussi celle qui est le plus généralement en usage.

Bien que les sociétés en participation ne soient point nommément exclues par la loi, le § 1er de notre article semble virtuellement en interdire l'usage aux fondateurs d'écrits périodiques en imposant une condition contraire aux principes qui leur servent de base, celle d'avoir un gérant.

Les statuts de la société signés de toutes les parties devront être publiés dans la forme indiquée par les articles 42 et 43 du Code de commerce qui sont ainsi conçus :

Art. 42. « L'extrait des actes de société en nom collectif et en commandite, doit être remis, dans la quinzaine de leur date, au greffe du tribunal de commerce de l'arrondissement dans lequel est établi la maison du commerce social, pour être transcrit sur le registre et affiché pendant trois mois dans la salle des audiences. Si la société a plusieurs maisons de commerce situées dans divers arrondissements, la remise, la transcription, et l'affiche de cet extrait seront faites au tribunal de commerce de chaque arrondissement.

« Chaque année dans la première quinzaine de janvier, les tribunaux de commerce désigneront au chef-lieu de leur ressort, et à leur défaut, dans la ville la plus voisine, un ou plusieurs journaux où devront être insérés dans la quinzaine de leur date les extraits d'acte de société en nom collectif ou en commandite et règleront le tarif de l'impression de ces extraits.

« Il sera justifié de cette insertion par un exemplaire du journal certifié par l'imprimeur, légalisé par le maire et enregistré dans les trois mois de sa date.

« Ces formalités seront observées à peine de nullité à l'égard des intéressés ; mais le défaut d'aucune d'elle ne pourra être opposé à des tiers par les associés.

Art. 43. « L'extrait doit contenir les noms, prénoms, qualités et demeures des associés autres que les actionnaires ou commanditaires ;

« La raison de commerce de la société ;

« La désignation de ceux des associés autorisés à gérer, administrer et signer pour la société ;

« Le montant des valeurs fournies ou à fournir par actions ou en commandite ;

« L'époque où la société doit commencer et celle où elle doit finir. »

8. La loi prévoit, en outre, le cas où les statuts sont modifiés par le décès, la démission, etc., de l'un ou de plusieurs des gérants. Dans ce cas, il faut procéder à leur remplacement, ce qui se fait au moyen d'une délibération des actionnaires dans laquelle on désigne le nouveau titulaire. On peut aussi modifier les statuts de la société, en tout état de cause, en restreignant le nombre des gérants ou en l'augmentant. Mais dans tous les cas, il faut, lors de ces modifications, remplir toutes les formalités exigées pour l'acte de société lui-même (39, 42, 43, 46 et 47 du C. de com.)

Le délai dans lequel un gérant doit être remplacé, est de quinzaine, si la société n'en avait originairement constitué qu'un seul, et de deux mois si elle en avait choisi plusieurs. Ce temps court à partir du décès, ou de la démission; le jour de l'évènement n'est pas compris dans le délai.

L'article 14 de la loi de 1849 est venu modifier l'article 4 de la loi de 1828: 1° en interdisant au gérant condamné pour délit ou contravention de la presse, la faculté de signer pendant la durée des peines d'emprisonnement et de privation des droits civiques; 2° en accordant dans ce cas au journal qui n'a qu'un seul gérant un délai d'un mois pour en présenter un nouveau.

Il suit de là que si le journal n'a qu'un gérant il a quinze jours pour le remplacer en cas de décès ou démission et un mois en cas de condamnation à l'emprisonnement et à l'interdiction des droits civiques. Si, au contraire, il a plusieurs gérants, le délai de deux mois fixé par l'article 4, § 2 de la loi de 1828 est général et s'applique également au remplacement en cas de décès, démission et emprisonnement.

Mais à partir de quel jour courra le délai, en cas de condamnation prévue par l'article 14 de la loi de 1849? Sera-ce à partir du jour où la condamnation sera devenue définitive; sera-ce à partir du jour où commencera l'exécution de la peine? Les termes mêmes de l'article 14 ne peuvent laisser d'incertitude, puisqu'on ne frappe le gérant d'incapacité *que pendant la durée de l'emprisonnement ou de l'interdiction*. D'où il suit que dans l'intervalle entre l'arrêt de condamnation et l'écrou, il pourra continuer à signer le journal; mais s'il s'agit de la privation de ses droits civiques l'exécution est censé commencer à partir du jour où la condamnation est devenue définitive.

Quid s'il s'agissait d'un prisonnier pour un délit politique ou même pour un délit commun qui voulut signer un journal? Il le pourrait incontestablement, car les termes de l'article 14 sont limitatifs : ils n'excluent que le gérant condamné pour crime, délit ou contravention de la presse. D'où il suit que le gérant emprisonné (mais non privé de ses droits civiques), à raison de faits d'une autre espèce peut continuer à signer le journal ; car les prohibitions sont de droit étroit et ne peuvent être étendues par analogie.

Quid encore si le gérant, pendant la durée des peines prévues par l'article 14 continuait à signer, appliquerait-on les peines édictées par l'article 9 de la même loi? Non, car il n'y a pas même raison de décider. Le journal serait considéré comme non signé, et passible de 500 fr. d'amende, de par l'art. 8 de la loi de 1828. Ajoutons que la rigueur de l'incapacité créée par l'article 14 de la loi de 1849, a forcé le législateur à admettre un tempéramment pour le cas où le journal n'aurait qu'un seul gérant. Il autorise alors les propriétaires à faire signer par un rédacteur, dans l'intervalle qu'il accorde pour le remplacement du gérant condamné.

9. L'infraction aux dispositions de l'article 4 de la loi de 1828, indépendamment de l'amende est encore frappée d'une autre manière : le journal doit cesser de paraître.

On doit entendre cette peine dans le sens d'une suspension temporaire et non d'une interdiction. La suspension cessera avec la cause qui l'a fait naître. Il faut d'ailleurs remarquer que la cessation de paraître, à proprement parler n'est pas un chatiment, mais une mesure que les propriétaires d'un journal doivent employer spontanément, quand ils n'ont pas remplacé leur gérant ou rapporté la quittance de l'amende (Art. 8, loi de 1850) dans les délais légaux. Faute par eux de remplir ces conditions, il y a contravention à raison de laquelle ils sont passibles d'une amende de 1,000 fr., dans les cas prévus par l'article 4 de la loi de 1828; et dans celui qui est déterminé par l'art. 8 de la loi de 1850, d'un emprisonnement d'un mois à six mois et d'une amende de 200 fr. à 1,200 fr.

Une autre dérogation aux prescriptions de l'article 4, loi de 1828, a été insérée dans l'article 12 de la même loi. Dans le cas où un journal ou écrit périodique est établi et publié par un seul propriétaire, si ce propriétaire vient à mourir, sa veuve ou ses héritiers auront un délai de trois mois pour présenter un gérant responsable.

Le gérant, que la veuve ou les héritiers seront admis à présenter, devra réunir les conditions requises par l'art. 980 du Code civil. Dans les dix jours du décès la veuve ou les héritiers seront tenus de présenter un rédacteur qui sera responsable du journal jusqu'à ce que le gérant soit accepté. Le cautionnement du propriétaire décédé demeurera affecté à la gestion.

Ainsi, si le journal n'a qu'un seul propriétaire, et que ce propriétaire en soit en même temps le gérant, sa veuve ou ses héritiers, s'il vient à décéder, auront un délai de trois mois pour présenter un remplaçant idoine, c'est-à-dire possédant les qualités énoncées au n° 10 ci-après. Toutefois la veuve ou les héritiers devront, dans les dix jours, présenter un rédacteur responsable : Ce rédacteur ne sera point tenu à réunir toutes les conditions exigées pour un gérant, car la loi ne le dit, ni dans l'art. 12 de la loi de 1828, ni dans l'article 14 de la loi de 1849.

Dans tous les cas, s'il s'élevait une contestation sur la capacité du rédacteur présenté, elle ne pourrait être soulevée que par le préfet, et il appartiendrait aux tribunaux civils seuls d'en connaître (Cas. 25, mai 1850).

10. Les fonctions de gérants sont de deux sortes : D'abord à l'égard des tiers et vis-à-vis de ses co-associés, c'est l'administrateur d'une entreprise commerciale et, en cette qualité il est soumis aux lois commerciales. En second lieu, c'est un directeur, un surveillant établi pour la rédaction du journal; en même temps c'est le champion destiné à relever les gages de bataille et à recevoir les coups du ministère public dans le champs clos judiciaire.

Examinons maintenant quelles sont les conditions exigées pour remplir ces fonctions. D'après l'article 5 de la loi de 1850, elles sont au nombre de quatre :

1° Il faut être Français ;

2° Etre majeur ;

3° Jouir de ses droits civils;

4° Posséder un quart au moins du cautionnement du journal en son propre et privé nom.

On peut considérer comme Français, celui qui a acquis cette qualité par les moyens indiqués au Code civil. Quant à la majorité elle est atteinte à l'âge de 21 ans. Il faut enfin être du sexe masculin (Art. 980 du C. civ.)

Mais la jouissance des droits civils a besoin d'être expliquée. Tout Français jouit de ses droits civils (C. civ. 8) : il les perd conformément aux articles 17, 21, 22, 23 et 24 du Code civil qui sont ainsi conçus :

Art. 17. La qualité de Français se perdra : 1° par la naturalisation acquise en pays étranger; 2° par l'acceptation non autorisée par le roi, de fonctions publiques conférées par un gouvernement étranger; 3° enfin par tout établissement fait en pays étranger sans esprit de retour. — Les établissements de commerce ne pourront jamais être considérés comme ayant été faits sans esprit de retour.

Art. 21. Le Français qui, sans autorisation du roi, prendrait du service militaire chez l'étranger ou s'affilierait à une corporation militaire étrangère, perdra sa qualité de Français. — Il ne pourra rentrer en France qu'avec la permission du roi et recouvrer la qualité de Français qu'en remplissant les conditions imposées à l'étranger pour devenir citoyen; le tout sans préjudice des peines portées par la loi criminelle contre les Français qui ont porté ou porteront les armes contre leur patrie.

Art. 22. Les condamnations à des peines dont l'effet est de priver celui qui est condamné de toute participation aux droits civils ci-après exprimés emporteront la mort civile.

Art. 23. La condamnation à la mort naturelle emportera la mort civile.

Art. 24. Les autres peines, afflictives perpétuelles n'emporteront la mort civile qu'autant que la loi y aurait attaché cet effet.

Ainsi tout individu placé dans un de ces cas est incapable d'être gérant d'un journal.

11. En dehors des qualités morales exigées par l'article 5, le gérant doit encore offrir certaines garanties pécuniaires. La loi de 1828 veut qu'il soit propriétaire du quart au moins du cautionnement. L'article 15 de la loi du 9 septembre 1835 avait élevé ce chiffre au tiers ; mais, depuis son abrogation, les lois des 9 août 1848, articles 1er et 47, 27 juillet 1849, article 8, et 16 juillet 1850, article 1, ont gardé le silence sur ce point. On se demande si la disposition finale de notre article est encore en vigueur.

Nous ne le croyons pas. En effet, elle a été remplacée par une disposition contraire dans la loi de 1835, dont l'abrogation n'a pu faire revivre de plein droit une disposition éteinte. Une loi nouvelle en remplaçant une loi contraire, l'efface aussi absolument que si elle l'abrogeait en termes formels. Dès lors, celle-ci ne peut plus recommencer une autre existence qu'en vertu d'une décision nouvelle du législateur. Or, dans notre hypothèse, on ne pourrait citer aucun texte susceptible de remettre en vigueur l'article 5 de la loi de 1828, en ce qui touche la portion du cautionnement dont le gérant doit être propriétaire. Le seul texte qui se réfère à cette loi, c'est l'article 4 du décret du 9 août 1848, portant que les dispositions des lois de 1819 et de 1828, qui ne lui sont pas contraires continueront à être exécutées : ce qui doit s'entendre des seules *dispositions restées en vigueur*. Ainsi rien n'explique ni ne justifie la résurrection de l'obligation imposée au gérant de posséder une portion quelconque du cautionnement.

La cour de Paris a jugé, il est vrai, le contraire, le 25 septembre 1850, dans le procès du journal le *Peuple*, mais cet arrêt ne saurait faire autorité, car il ne semble pas même avoir aperçu la difficulté.

Au surplus, on peut, par prudence, et pour éviter tout procès, ne tenir aucun compte de notre opinion, quoique parfaitement fondée en droit ; car, après tout, lorsqu'il s'agit de créer un journal la répartition du cautionnement entre les gérants n'a rien de gênant. Toutefois nous ferons remarquer que la part afférente aux gérants dans le cautionnement peut n'être que d'un quart, tandis que sous l'empire des lois de septembre, elle devait être d'un tiers au moins.

Dans tous les cas, les journaux dispensés du cautionnement ne sont point obligés à présenter des gérants responsables. Cela résulte de deux dispositions de la loi de 1828, ainsi que l'a reconnu le rapporteur à la chambre des pairs. L'article 5, a dit M. Siméon, veut que les gérants responsables possèdent un quart du cautionnement : l'exemption du cautionnement emporte donc celle du gérant responsable. Le dernier alinéa de l'article 6 n'oblige les journaux exemptés du cautionnement qu'à la déclaration prescrite par les n°s 1-2-5; le n° 4 dont ils sont affranchis, veut que l'on déclare le nom et la demeure des gérants responsables ; les journaux dont il s'agit n'ont point cette déclaration à faire.

12. En dehors de ces exigences, le droit de signer un journal est soumis à deux autres restrictions. D'abord il ne faut point être représentant du peuple (8, L. de 1849), ensuite il ne faut pas subir une condamnation à raison d'un délit de la presse, commis en qualité de gérant du journal (Art. 14, même loi), ce que nous avons déjà dit.

§ 4. — DE LA DÉCLARATION.

13. Nous sommes arrivés aux dispositions les plus obscures, les plus perfides de la législation sur la presse. Aussi longtemps qu'elles subsisteront, la création d'un journal sera entourée de périls et de procès. Cependant il est incontestable que la plupart de ces formalités sont sans utilité réelle.

La déclaration préalable à laquelle les fondateurs d'une feuille cautionnée sont soumis doit contenir :

1° Le titre du journal ou écrit périodique et les époques auxquelles il doit paraître.

Le titre d'un journal est une propriété privée, dont

on ne peut par conséquent s'emparer, aux termes de la loi du 19 juillet 1793. Il faut donc, sous peine d'être exposé à des poursuites en dommages et intérêts, ne pas prendre le nom d'une feuille déjà existante. Sans doute, le ministère public ou le préfet ne pourraient intenter une action contre l'auteur d'une déclaration qui contiendrait l'usurpation du nom d'un journal en voie de publication; mais, malgré cela, on n'échapperait point à une condamnation civile.

Indépendamment du titre, on doit faire connaître la périodicité que l'on a adoptée. La déclaration a pour but de faciliter la surveillance; de là, nécessité de désigner à l'avance les époques auxquelles l'écrit doit paraître. Tout cela serait bien naturel si l'on n'exigeait pas en outre le dépôt préalable de chaque numéro au parquet et, si, par une étrange contradiction, un journal ne pouvait être publié *irrégulièrement.*

2° Le nom de tous les propriétaires, autres que les commanditaires, leur demeure, leur part dans l'entreprise.

Cette disposition n'est guère en harmonie avec l'admission de la responsabilité personnelle de l'écrivain; elle l'est encore moins avec le cautionnement et surtout avec le cautionnement préventif. En effet, bien qu'aux termes de l'article 3 de la loi du 9 juin 1819, les condamnations puissent être poursuivies sur les biens des propriétaires, ce n'en est pas moins de l'inquisition que d'exiger les noms et domiciles des associés, alors surtout que, par les publications de l'acte de société, ils sont réputés légalement connus de tout le monde.

3° Le nom et la demeure des gérants responsables.

Cette disposition n'a pas besoin de commentaires; elle n'est, du reste, applicable, comme celle qui vient après, qu'aux journaux cautionnés.

4° L'affirmation que ces propriétaires et gérants réunissent les conditions de capacité prescrites par la loi.

Aucune condition de capacité n'est exigée pour être propriétaire d'un journal, si ce n'est celle d'avoir de l'argent. Quant à l'affirmation, il ne faut pas la confondre avec le serment : c'est une simple déclaration.

5° L'indication de l'imprimerie dans laquelle le journal devra être imprimé.

Les feuilles périodiques non soumises au cautionnement sont seulement astreintes à la déclaration préalable prescrite par les nos 1, 2 et 5 de l'article 6. Elles sont par conséquent exemptes de la déclaration des mutations survenues après la publication, car celle-ci est imposée aux gérants responsables, et les écrits non cautionnés n'en ont pas, ou plutôt ne sont pas obligés d'en avoir. (Art. 5, L. du 9 juin 1819, et 8, L. de 1828 ; — Chassan, t. 1, 516 ; Duvergier, Notes sur la loi de 1828.)

Le défaut de déclaration n'est frappé d'aucune peine par l'article 6 de la loi de 1828 ; en faut-il conclure qu'il soit dépourvu de sanction pénale?

La rédaction si incorrecte des lois sur la presse fait naître fréquemment de pareilles difficultés. Il est certain que l'infraction dont nous nous occupons n'est l'objet d'aucune disposition pénale dans la loi de 1828 ; que l'article 1er de la loi du 9 juin 1819 a été virtuellement abrogé par l'article 1er de la loi du 17 mars 1822 ; que dès lors il n'a pu revivre de plein droit ; que d'ailleurs les formalités qu'il prescrivait ayant été remplacées en 1828 par d'autres formalités, la sanction donnée aux premières ne peut s'appliquer aux secondes.

Cette opinion, partagée d'ailleurs par MM. Parant et Rauter, nous semble fondée. Néanmoins, nous ne dissimulons pas qu'il serait périlleux de la suivre malgré l'inanité et la faiblesse des raisons pour faire appliquer au défaut de déclaration la peine portée par l'article 1er de la loi du 9 juin 1819. Il sera donc plus prudent aux gérants d'exécuter les prescriptions de notre article.

14. Indépendamment des formalités que nous venons d'énumérer, le législateur en impose de nouvelles dans le cas suivant :

S'il survient quelque mutation dans le titre du journal,

— Dans les conditions de sa périodicité,
— Parmi ses propriétaires,
— Parmi les gérants responsables,
— Ou si le journal vient à être imprimé dans une autre imprimerie que celle qui a été originairement désignée.

Ainsi, si le journal change de titre, s'il paraît plus ou moins souvent, si les propriétaires cèdent ou transmettent leurs droits par vente, par succession ou autrement ; enfin, si les gérants se retirent ou meurent, ou si le nombre en est augmenté ou diminué, une déclaration de ces faits est exigée à peine de 500 francs d'amende. Mais cette déclaration ne doit contenir que l'indication du changement effectué ou à effectuer. Par exemple, s'il s'agit de l'augmentation du nombre des gérants, on se bornera à mentionner les noms et domiciles des nouveaux titulaires, en affirmant qu'ils réunissent les conditions de capacité exigées par la loi.

Le délai pour remplir cette formalité est de quinze jours à partir de la mutation; elle doit être accomplie à Paris, au ministère de l'intérieur ; dans les départements, au secrétariat général de la préfecture.

C'est aux gérants responsables qu'incombe l'obligation de faire la déclaration des changements survenus dans l'entreprise,

Le mot *mutation* comprend toutes les modifications, même celles qui sont involontaires. Il est généralement interprété par le ministère public avec une rigueur excessive. Ainsi, le *Démocrate* de Saône-et-Loire fut poursuivi en 1850 pour défaut de déclaration de changement dans sa périodicité, parce que, dans les quinze derniers jours de son existence, au moment où il succombait sous les amendes, il n'avait paru qu'une fois par semaine au lieu de deux (Cassation, Ch. réun., 26 juin 1851).

Cependant ce qui constitue le changement dans la périodicité, c'est l'adoption d'une périodicité nouvelle ; or, cela ne saurait résulter d'un fait ou de deux faits accidentels, mais d'une habitude.

La Cour de cassation ne s'est pas montrée moins rigoureuse envers le *Libéral du Nord, journal des intérêts démocratiques*, pour avoir substitué à cette énonciation celle de *Journal démocratique des arrondissements de Douai et de Valenciennes ;* elle a vu dans cette modification une mutation de titre.

15. L'infraction à la disposition qui ordonne aux gérants de porter à la connaissance de l'autorité administrative toutes les mutations qui sont susceptibles d'affecter un journal, est-elle purement matérielle et par conséquent exclusive de toute appréciation d'intentions ou de circonstances ?

Malgré l'insertion de ces mots : « En cas de négligence, » l'affirmative n'est pas douteuse : car ce qui constitue une contravention, c'est toujours l'omission d'une formalité prescrite par la loi ; or, c'est là incontestablement un acte de négligence.

Mais la déclaration est-elle prescrite d'une manière absolue ? Est-elle encore nécessaire quand la mutation de périodicité a pour objet une diminution ? La Cour de cassation s'est prononcée dans ce sens, sur le pourvoi du ministère public contre le *Démocrate de Saône-et-Loire*.

A ces observations, on nous répondra sans doute que la loi étant mal faite, les arrêts la corrigent. Alors nous engagerons les journalistes à se conformer à la jurisprudence et à ne pas se montrer négligents, afin d'éviter les procès.

16. Aux mentions et déclarations prescrites aux gérants doivent être jointes les PIÈCES JUSTIFICATIVES.

Le législateur n'a pas cru devoir traduire sa pensée par des expressions moins vagues. Cependant les *pièces justificatives* dont il parle peuvent être souvent l'objet d'embarras sérieux.

Ainsi, la déclaration de mutation dans le titre du journal, ou dans les conditions de sa périodicité, a besoin d'être accompagnée d'une seule pièce justificative, le consentement du propriétaire ou des propriétaires. Celle de mutation dans la propriété du journal, quand il s'agit d'un associé en nom collectif ou d'un associé responsable d'une commandite, doit être suivie de l'acte de transmission. La déclaration constatant que le nombre des gérants est augmenté entraîne la production des pièces suivantes :

1° Quittance du receveur constatant que le nouveau gérant est propriétaire du quart du cautionnement. (Art. 5, L. 1828.) A la rigueur, cette pièce peut n'être produite qu'après la déclaration, pourvu que ce soit avant que le nouveau gérant n'ait commencé à signer le journal ;

2° Expédition des modifications apportées à l'acte de société, en vertu desquelles un ou plusieurs nouveaux gérants ont été nommés, ou bien expédition de la délibération qui désigne X. en remplacement de Z., décédé ou démissionnaire ;

3° Acte de naissance des nouveaux gérants.

S'il s'agit d'un changement d'imprimerie, la seule déclaration du gérant suffit.

Dans tous les cas, il est bien entendu que les pièces produites ne doivent être signées que par les propriétaires autres que les simples commanditaires ou actionnaires. (Art. 6, n° 2.)

Enfin, depuis la suppression de la direction de l'imprimerie, c'est au ministère de l'intérieur que les déclarations doivent être déposées.

§ 5. DES DROITS DE TIMBRE ET DE POSTE.

17. Le rétablissement du timbre, ce moyen de prévention que la révolution de février avait brisé, n'a pu, à cause des résistances qu'il a soulevées, être opéré purement et simplement. Au lieu d'être une mesure complétement fiscale, cet impôt a le plus souvent un caractère rémunératoire. Ainsi, à l'égard des écrits transportés par la poste, le timbre vaut affranchissement ; mais, vis-à-vis des journaux ou brochures distribués directement, c'est une taxe complètement arbitraire. Les explications fournies par M. Chasseloup-Laubat, avec tant d'efforts et de peines, n'ont pas réussi à donner le change à l'opinion publique, et le

rétablissement du timbre a fait envelopper, dans la réprobation dont il jouit, le droit de poste qu'il est censé avoir remplacé.

Voici en quels termes la restauration du timbre a été prononcée, par la L. du 16 juillet 1850, article 12 :
« A partir du 1er août prochain, les journaux, écrits ou « recueils périodiques de gravures ou lithographies « politiques de moins de dix feuilles de 25 à 32 dé- « cimètres carrés, ou de moins de cinq feuilles de 50 « à 72 décimètres carrés, seront soumis à un droit de « timbre.

« Ce droit sera de 5 centimes par feuille de 72 dé- « cimètres carrés et au-dessous, dans les départements « de la Seine, de Seine-et-Marne et de Seine-et-Oise, et « de 2 centimes pour les journaux, gravures ou écrits « périodiques publiés partout ailleurs. »

La rédaction de cet article si obscure, si équivoque, si peu grammaticale, peut présenter une difficulté. En effet, on soumet au timbre les journaux ou écrits périodiques, sans distinguer, comme pour les gravures ou lithographies, s'ils sont ou ne sont pas politiques. Doit-on en conclure qu'ils doivent tous subir les maculations du timbre? Logiquement cela devrait être, mais en réfléchissant, on reconnaît que c'est impossible.

Le timbre et le cautionnement sont deux instruments de prévention, qui, toujours, ont été inflexiblement liés. Il est impossible que l'un soit rétabli sans que l'autre n'apparaisse à l'horison. Aussi toujours ces deux amis ont frappé ensemble : les journaux exemptés de cautionnement le sont également du timbre (Loi de 1828 et article 27 de la loi du 16 juillet 1850.) ; mais les journaux soumis au cautionnement le sont plus tard au timbre. Le législateur a-t-il voulu déroger à cette coutume ? Nous sommes bien plus disposés à attribuer à l'incorrection de son langage qu'à sa volonté l'erreur dont est visiblement empreint l'article 12, puisque, par l'article 22, il maintient l'exemption du timbre aux écrits qui en étaient dispensés par la législation antérieure.

Si l'on fondait un doute sur ce que le timbre est la rémunération d'un service rendu, dans le système de la loi, il serait facile de répondre d'abord que cela n'est pas vrai d'une manière absolue, puisque les écrits qui ne sont pas distribués par la poste n'en sont point affranchis. En outre, on peut se demander par quelle inconséquence ou par quelle puissante raison on a exempté du timbre les recueils périodiques de gravures ou lithographies *non politiques*. Comme il serait plus difficile de justifier cette exemption que l'application du timbre aux écrits non politiques, nous croyons devoir persister à soutenir que le nouvel impôt ne s'applique qu'aux feuilles politiques.

Il est à remarquer que les départements du Rhône et de Seine-et-Marne, qui sont assimilés à ceux de la Seine et Seine-et-Oise pour le cautionnement des journaux, rentrent dans le droit commun en ce qui touche le timbre. C'est sans doute un oubli qu'on regrettera si l'état de siége est levé.

18. Le timbre ne frappe pas sur tous les journaux indistinctement. Ceux qui ne s'occupent pas de matières politiques en sont virtuellement exemptés par l'article 13 de la loi de 1850. Mais parmi les écrits non périodiques traitant de matières politiques ou d'économie sociale, la loi ne soumet au timbre que ceux de ces écrits susceptibles d'être publiés intégralement en une ou deux livraisons ayant moins de trois feuilles d'impression de 25 à 32 décimètres carrés. On n'a pas peur des ouvrages de longue haleine et dont le prix supérieur n'est pas à la portée de toutes les bourses; mais on n'aime point les brochures à bon marché, et on a voulu, par le timbre, en rendre la publication et l'achat difficiles et autant que possible inabordables aux pauvres.

L'exemption du timbre existe de même à l'égard des écrits rédigés en langues étrangères, imprimés en France, mais destinés à être publiés et distribués en pays étranger. Peu importe que ces journaux ou écrits soient politiques ou non : ce qui cause la faveur dont ils jouissent, c'est qu'ils ne sont pas destinés à être lus en France. Si cependant ils y étaient distribués, même partiellement, ils devraient être cautionnés et timbrés. Cela résulte *à contrario*, de l'art. 28 de la loi de 1850, et de l'art. 13 qui soumet au timbre les écrits non périodiques publiés à l'étranger, lesquels sont à l'importation frappés d'un droit de 5 cent. par feuille.

Nos législateurs ont également accordé une immunité aux suppléments des journaux destinés à reproduire leurs séances ou à discuter leurs actes et ceux du gouvernement, ou enfin à rendre compte des débats des tribunaux (Art. 18, L. de 1850.). Cela signifie que les suppléments consacrés aux annonces doivent être timbrés.

19. Nous avons vu, au numéro qui précède, que les écrits non périodiques qui traitent de matières politique ou d'économie sociale, s'ils sont publiés en une ou deux livraisons ayant moins de trois feuilles d'impression de 25 à 32 décimètres carrés, sont soumis au timbre.

La loi fait cependant exception pour ceux des ouvrages de cette nature dont la publication était commencée lors de la promulgation de la loi de 1850, ou qui étaient tombés dans le domaine public à cette époque. C'est une conséquence du principe de la non rétroactivité de la loi. Mais les nouvelles éditions de ces écrits sont-elles comprises dans cette exception ?

Evidemment, car si la jurisprudence, — et non la loi, — a distingué au point de vue de la répression, entre les diverses éditions d'un ouvrage, dont la première a été acquittée par le jury, cette théorie n'est pas applicable à la disposition fiscale de notre article. En exemptant du timbre les publications commencées, elle les a assimilées à celles qui étaient tombées dans le domaine public. Or, pour celles-là, il n'y a pas de doute que les réimpressions ne sont pas soumises au timbre. Si la moindre incertitude existait encore dans quelques esprits, elle serait levée immédiatement par la lecture de la discussion qui eut lieu à l'assemblée sur cet article.

20. Malgré la rédaction quelque peu équivoque de

cette disposition par laquelle on soumet « les écrits non périodiques, etc., etc., à un droit de timbre de 5 centimes, » il faut entendre que ce timbre de cinq centimes s'applique, non à l'ouvrage entier, mais à chacune des feuilles dont il se compose.

Quant aux mots *matières politiques* et *économie sociale*, ils ne sont pas plus définis dans la loi de 1850 que dans celle de 1849. L'appréciation toute arbitraire est laissée d'abord à l'administration, et en cas de difficulté, aux tribunaux. Mais comme en matière fiscale il faut d'abord s'exécuter, les auteurs, éditeurs ou gérants devront donc payer les droits de timbre, sauf l'action en restitution à intenter dans les formes ordinaires, c'est-à-dire par un mémoire présenté à l'administration, suivie, en cas de refus, d'une demande devant les tribunaux.

Enfin, l'article 14 a eu pour objet de frapper les romans-feuilletons d'un timbre supplémentaire. Cette disposition a le grave inconvénient d'enlever à un certain nombre d'écrivains leurs moyens d'existence. « Beaucoup de journaux, a dit le rapporteur, en re- « poussant la proposition Riancey-Béchard, dans la « partie qui est en général consacrée au feuilleton, « souvent ont publié de véritables histoires; d'autres « des fragments d'historiens, des mémoires plus ou « moins véridiques, des souvenirs; la distinction ne « sera pas facile à faire. Qui sera le juge? Qui dira si « le roman est de l'histoire? »

Cette difficulté est restée sans solution, bien que dans les lois fiscales chaque disposition doive avoir un caractère précis. Cependant, il y a un grave intérêt pour les journaux, à savoir à qui appartient le pouvoir de décider si un ouvrage est un feuilleton-roman ou n'en est pas un. La difficulté est la même que celle que nous venons de signaler ci-dessus pour l'appréciation des matières politiques; elle se résout de la même façon. (Voir n° 22.)

21. Par l'article 15, le législateur a déterminé le caractère du nouvel impôt; voici dans quels termes :

« Le timbre servira d'affranchissement au profit des « éditeurs de journaux et écrits, savoir :

« Celui de cinq centimes pour le transport et la dis- « tribution sur tout le territoire de la République;

« Celui de deux centimes pour le transport des jour- « naux et écrits périodiques dans l'intérieur du dé- « partement (autre que ceux de la Seine et Seine-et- « Oise) où ils sont publiés, et dans les départements « limitrophes.

« Les journaux ou écrits seront transportés et dis- « tribués par le service ordinaire de l'Administration « des Postes. »

Ici le timbre a les apparences d'un droit rémunérateur. En réalité il ne l'est pas d'une manière absolue, puisqu'il s'applique, d'une part, à des journaux dont l'administration des Postes n'effectue pas le transport, et de l'autre qu'il ne dispense de payer le droit de poste que les seuls éditeurs.

Mais vaut-il affranchissement à l'égard des écrits de moins de trois feuilles d'impression? Cette question n'est pas douteuse, car l'article 15 porte : « Le timbre servira d'affranchissement au profit des éditeurs de journaux et ÉCRITS, sans distinguer entre ceux qui sont périodiques et ceux qui ne le sont pas. Toute hésitation disparaît surtout en présence de la différence établie par le législateur entre le timbre à cinq centimes qui remplace le droit de poste pour les éditeurs de *tous journaux ou écrits*, et le timbre à deux centimes qui ne vaut affranchissement que pour les journaux et écrits périodiques. (Voir article 17, § 2.)

Les articles 16 et 17 ne demandent aucune explication. Voici leur texte : Art. 16. « Les journaux ou écrits « périodiques frappés du timbre de deux centimes de- « vront, pour être transportés et distribués hors des « limites déterminées par le troisième paragraphe de « l'article précédent, payer un supplément de prix de « trois centimes.

« Ce supplément de prix sera acquitté au bureau « de poste du départ, et le journal sera frappé d'un « timbre constatant l'acquittement de ce droit. »

Article 17. « L'affranchissement résultant du timbre « ne sera valable pour les journaux ou écrits périodi- « ques que pour le jour et pour le départ du lieu de « leur publication.

« Pour les autres écrits, il ne sera également vala- « ble que pour un seul transport, et le timbre sera « maculé au départ par les soins de l'Administration.

« Toutefois, les éditeurs des journaux ou écrits pé- « riodiques auront le droit d'envoyer en franchise, à « tout abonné, avec la feuille du jour, les numéros « publiés depuis moins de trois mois. »

A l'égard des écrits et journaux pour lesquels le timbre ne vaut pas ou ne vaut plus affranchissement, le droit de poste reste fixé à quatre centimes, conformément à l'article 3 de la loi du 4 décembre 1850. Il est dû, non-seulement par les gérants et éditeurs de journaux non timbrés, mais encore par les particuliers qui expédient les écrits, en vertu de l'article 19 de la loi de 1850, à peine d'être taxés à l'arrivée comme lettres simples.

Article 19. « Quiconque, autre que l'éditeur, voudra « faire transporter un journal ou écrit par la poste « sera tenu d'en payer l'affranchissement à raison de « cinq centimes ou de deux centimes par feuille, selon « les cas prévus par la présente loi.

« Le journal sera frappé, au départ, d'un timbre « indiquant cet affranchissement.

« A défaut de cet affranchissement, le journal sera, « à l'arrivée, taxé comme lettre simple. »

Article 20. « Une remise de un pour cent sur le « timbre sera accordée aux éditeurs de journaux et « d'écrits périodiques pour déchet de maculature.

« Il sera fait remise d'un centime par feuille de « journal qui sera transportée et distribuée aux frais « de l'éditeur dans l'intérieur de la ville, et en outre « à Paris, dans l'intérieur de la petite banlieue.

« Les conditions à observer pour jouir de cette re- « mise sont fixés par un arrêté du ministre des « finances. »

22. Nous sommes arrivés à la constatation des con-

traventions en cette matière. L'article 22 charge de ce soin les préposés de l'enregistrement, les officiers de police judiciaire et les agents de la force publique, c'est-à-dire les inévitables gendarmes.

Les infractions aux lois sur le timbre sont divisées en deux classes par l'article 23 : « Pour les journaux, « gravures ou écrits périodiques, chaque contravention est punie, indépendamment de la restitution des « droits frustrés, d'une amende de cinquante francs « pour chaque feuille ou fraction de feuille non timbrée. L'amende est de cent francs en cas de récidive.

« Pour les autres écrits, chaque contravention est « punie, indépendamment de la restitution des droits « frustrés d'une amende égale au double desdits droits, « sans que, dans aucun cas, cette amende puisse « être moindre de deux cents francs. »

La récidive n'est prévue et par conséquent ne peut être punie que dans le cas du § 1er. Mais le législateur a omis de s'expliquer sur le point de de savoir si la récidive pour être punie des peines auxquelles elle est soumise, a besoin d'avoir été consommée dans l'année. Malheureusement, dans le silence de la loi, c'est le droit commun qu'il faut appliquer, en sorte que la deuxième contravention, par exemple, sur un supplément ou sur un feuilleton-roman non timbré, peut entraîner contre un journal, comme la *République* ou la *Presse*, qui tire à 25 ou 30,000 exemplaires, une amende de 2,500,000 francs ou 3,000,000. Et qu'on ne vienne pas prétendre qu'il y a impossibilité d'arriver à ce chiffre, parce que l'on ne peut arrêter vingt-cinq ou trente mille numéros, car nous ferions remarquer qu'il est inutile de saisir tous les exemplaires, puisque les contraventions peuvent être prouvées par les voies de droit commun. C'est au moins la jurisprudence de la Cour de cassation. Suivant elle, la maxime : *Point de saisie, point d'action*, n'est plus vraie aujourd'hui. Dans notre opinion, c'est une solution trop absolue ; mais enfin elle existe. Pourtant elle avait très-explicitement jugé le contraire en matière de timbre, le 26 février 1835 ; en outre, le texte même de notre article tend à favoriser cette interprétation. Il faut donc qu'un gérant veille avec attention à la stricte exécution des dispositions que nous venons d'analyser.

Afin d'assurer le recouvrement des amendes, la loi établit la responsabilité solidaire des auteurs, éditeurs, gérants, imprimeurs et distributeurs, sauf leur recours les uns contre les autres. Il ne manquait plus que de comprendre dans cette nomenclature les lecteurs et acheteurs.

« Le recouvrement des droits de timbre et des amen-« des sera poursuivi et les instances instruites et ju-« gées, dit l'article 24, conformément à l'article 76 de « la loi du 28 avril 1816. »

Il y a dans cette rédaction de l'article 24 ou une erreur ou un piége. Ce n'est pas, en effet, l'article 76 de la loi de 1816 qui règle la procédure, mais les articles 63 et suivants de la loi du 22 frimaire an VII. Si l'on a renvoyé à l'article 76 de la L. de 1816, c'est peut-être à cause de cette disposition : « En cas de décès des con-« trevenants, lesdits droits et amendes seront dus par « leurs successeurs, et jouiront, soit dans les succes-« sions, soit dans les faillites ou tous autres cas, du « PRIVILÉGE des contributions directes. » Or, comme le recouvrement des droits de timbre et amende doit, d'après l'article 24 de la loi de 1850, être poursuivi, et les instances instruites et *jugées* conformément à l'article 76 de la loi de 1816, il s'ensuit que la disposition rapportée plus haut lui est applicable.

Voici du reste la procédure indiquée par la loi du 22 frimaire an VII ; elle est admirablement simple, grâce à l'horreur qu'inspiraient aux législateurs d'alors ces imbroglios d'autrefois, ressuscités plus tard dans les 1044 articles de notre Code de procédure civile, au grand préjudice des plaideurs.

Les articles 63, 64, 65 et 66 de la loi du 22 frimaire an VII sont ainsi conçus :

« Article 63. La solution des difficultés qui pour-« ront s'élever relativement à la perception des droits

« d'enregistrement avant l'introduction des instances
« appartient à la régie.

« Article 64. Le premier acte de poursuite pour le
« recouvrement des droits d'enregistrement et le paie-
« ment des peines et amendes prononcées par la pré-
« sente sera une contrainte. Elle sera décernée par le
« receveur ou préposé de la régie ; elle sera visée et
« déclarée exécutoire par le juge de paix du canton où
« le bureau est établi, et elle sera signifiée.

« L'exécution de la contrainte ne pourra être inter-
« rompue que par une opposition formée par le rede-
« vable et motivée, avec assignation à jour fixe devant
« le tribunal civil du département. Dans ce cas, l'op-
« posant sera tenu d'élire domicile dans la commune
« où siége le tribunal.

« Article 65. L'introduction et l'instruction des in-
« stances auront lieu devant les tribunaux civils de
« département : la connaissance et la décision en sont
« interdites à toutes autres autorités constituées ou ad-
« ministratives.

« L'instruction se fera par simples mémoires respec-
« tivement signifiés.

« Il n'y aura d'autres frais à supporter pour la partie
« qui succombera que ceux du papier timbré, des si-
« gnifications et du droit d'enregistrement des juge-
« ments.

« Les tribunaux accorderont, soit aux parties, soit
« aux préposés de la régie qui suivront les instances,
« le délai qu'ils leur demanderont pour produire leurs
« défenses : il ne pourra néanmoins être de plus de
« trois décades.

« Les jugements seront rendus dans les trois mois
« au plus tard, à compter de l'introduction des in-
« stances, sur le rapport d'un juge fait en audience pu-
« blique et sur les conclusions du commissaire du di-
« rectoire exécutif : ils seront sans appel, et ne
« pourront être attaqués que par voie de cassation.

« Article 66. Les frais de poursuite payés par les
« préposés de l'enregistrement pour des articles tom-
« bés en non-valeur, pour cause d'insolvabilité recon-

« nue des parties condamnées, leur seront remboursés « sur l'état qu'ils en rapporteront à l'appui de leurs « comptes. L'état sera taxé sans frais par le tribunal « civil du département et appuyé des pièces justifi- « catives. »

Les dispositions des articles 25 et 26, d'une nature toute transitoire, sont aujourd'hui sans intérêt. Cependant la dernière a donné lieu à une difficulté singulière devant la Cour de Dijon. On a voulu faire courir le délai de deux mois du jour de la promulgation de la loi à Paris ; mais la Cour de cassation a annulé l'arrêt qui condamnait le *Peuple de Dijon* à 500 francs d'amende.

23. La prohibition de l'arrêté du 27 prairial an IX, qui interdit à toute personne étrangère au service des postes de s'immiscer dans le transport des lettres, journaux, et paquets, dont le port est exclusivement confié à l'administration des postes, est générale et absolue ; en conséquence, un individu qui aurait été surpris transportant des journaux d'une ville à une autre ne pourrait être relaxé des poursuites dirigées contre lui, par le motif que les journaux étaient dépourvus d'adresses et qu'ils avaient été achetés pour être revendus dans un intérêt tout personnel. (Cass., 7 avril et 21 juillet 1849.)

§ 6. — DÉPÔT, SIGNATURE, RESPONSABILITÉ.

24. L'article 8 de la loi de 1828 est ainsi conçu : « Chaque numéro de l'écrit périodique sera signé, en « minute, par le propriétaire, s'il est unique ; par l'un « des gérants responsables, si l'écrit périodique est « publié par une société en nom collectif ou en com- « mandite ; et par l'un des administrateurs, s'il est pu- « blié par une société anonyme. L'exemplaire signé « pour minute sera, au moment de la publication, dé- « posé au parquet du procureur du roi du lieu de l'im- « pression, ou à la mairie, dans les villes où il n'y a pas « de tribunal de première instance, à peine de 500 fr.

« d'amende contre les gérants. Il sera donné récépissé « du dépôt. La signature sera imprimée au bas de tous « les exemplaires, à peine de 500 francs d'amende « contre l'imprimeur, sans que la révocation du brevet « puisse s'ensuivre. Les signataires de chaque feuille « ou livraison seront responsables de son contenu et « passibles de toutes les peines portées par la loi à « raison de la publication des articles ou passages in« criminés, sans préjudice de la poursuite contre l'au« teur ou les auteurs desdits articles ou passages « comme complices. En conséquence, les poursuites « judiciaires pourront être dirigées tant contre les si« gnataires des feuilles ou livraisons, que contre l'au« teur ou les auteurs des passages incriminés, si ces « auteurs peuvent être connus ou mis en cause. »

L'infraction qui résulte du défaut de dépôt au parquet ne peut être excusée que par un fait de force majeure. (Cass., 16 avril 1841.)

Les dispositions par lesquelles l'article 8 de la loi prescrit de déposer un exemplaire au parquet du procureur de la République et d'imprimer la signature du gérant au bas du journal ne s'applique qu'aux journaux cautionnés. L'exécution de la première de ces formalités ne peut d'ailleurs ni retarder ni suspendre le départ ou la distribution. (Art. 5 de la loi du 9 juin 1819.)

25. La signature en minute de chaque numéro du journal est nécessaire pour établir la responsabilité du gérant. La loi exige qu'il manifeste son consentement, sans quoi il y a présomption légale de son refus d'accepter la solidarité des articles insérés : dès lors, il est impossible de le condamner.

Le dépôt au parquet de l'exemplaire signé par le gérant est une preuve que la poursuite ne peut avoir d'autre base, sinon tout autre exemplaire aurait aussi bien répondu aux exigences du législateur. Le procureur de la République doit, d'ailleurs, donner récépissé du dépôt du numéro signé en minute.

Aujourd'hui, du reste, ces questions sont les seules qui aient conservé de l'importance, les articles 2 et 3 de la loi de 1850 ayant introduit un droit tout à fait nouveau en matière de responsabilité. Celle des gérants n'a pas été détruite, mais elle ne subsiste plus en réalité, à l'égard des délits, que d'une manière tout à fait accessoire. Sous ce rapport, le système admis par le législateur de 1828 a été retourné par celui de 1850.

Voici en quels termes la pensée de substituer la responsabilité personnelle à la responsabilité collective se trouve formulée dans les articles 3 et 4 de la loi du 16 juillet : « Article 3. Tout article de discussion « politique, philosophique ou religieuse, insérée dans « un journal, devra être signée par son auteur, sous « peine d'une amende de 500 francs pour la première « contravention et de 1,000 francs en cas de récidive. « Toute fausse signature sera punie d'une amende de « 1,000 francs et d'un emprisonnement de six mois, « tant contre l'auteur de la fausse signature que contre « l'auteur de l'article et l'éditeur responsable du jour- « nal.

« Article 4. Les dispositions de l'article précédent « seront applicables à tous les articles, quelle que soit « leur étendue, publiés dans des feuilles politiques ou « non politiques, dans lesquels seront discutés des actes « ou opinions des citoyens et des intérêts individuels « ou collectifs. »

Le seul défaut de ces dispositions est d'être incomplètes. Ainsi, sous un premier rapport, au lieu de s'appliquer à certains articles, elles devaient les envelopper tous d'une manière absolue : car les distinctions qu'elles renferment couvrent de dangereuses embûches, parce que rien n'est plus vague et plus difficile à définir que ce qu'on doit entendre par *discussion politique*, *philosophique* ou *religieuse*, et surtout par ces mots : « *les articles*, quelle que soit leur étendue, « publiés dans les feuilles politiques ou non politiques, « dans lesquels *seront discutés les actes ou opinions « des citoyens et des intérêts individuels ou col- « lectifs.* » Quelle est la limite qui sépare la discussion de la simple narration ? Enfin, quel sujet n'est pas compris dans les actes ou opinions des citoyens et dans les intérêts individuels ou collectifs ? Rien n'est plus imparfait que cette rédaction ; car, sous l'apparence de n'appliquer la responsabilité individuelle qu'à certains sujets, elle l'étend en réalité à presque tous ; encore ceux qui semblent exclus par le législateur ont-ils si peu d'intérêt que nous ne comprenons pas la nécessité d'une exception en leur faveur.

Sous un autre rapport, les dispositions comprises dans les articles 3 et 4 sont encore incomplètes, car le simple bon sens indiquait qu'en substituant une responsabilité à une autre, on ne pouvait laisser subsister la première. Et cette conséquence n'est pas même celle à laquelle on doit s'arrêter dans la voie nouvelle où l'on vient d'entrer : il en est une autre non moins infaillible, non moins inévitable, c'est l'abolition du cautionnement, ce dernier vestige du régime censitaire.

Nous ne dissimulons pas, à la vérité, que, dans l'état actuel de la législation, les articles 3 et 4 ne créent de nouvelles entraves à la liberté de la presse. La simultanéité de la responsabilité du gérant et de celle de l'auteur a quelque chose qui choque la raison. Du moment où celui-ci est considéré comme coupable principal et non plus comme complice, le gérant n'est responsable que des infractions matérielles, ainsi que le reconnaissait M. Tinguy lui-même. Dès lors, à quoi bon cette cumulation des poursuites contre le rédacteur et le gérant ? A aggraver la position du journal en le frappant *doublement* de prison et d'amende pour *un fait unique*.

Cette anomalie est d'autant plus saisissante, que la punition du gérant, qui reposait sur une fiction, n'a plus d'excuse du moment où l'on poursuit l'auteur réel et où la fiction disparaît. D'ailleurs, si la répression, au lieu d'être simultanée comme l'action, vient à tomber uniquement sur le gérant, ainsi que cela a eu lieu à la Cour d'assises de la Seine dans l'affaire de la *Mode*, il en résultera une de ces incohérences qui accusent plus fortement encore le législateur que le juge. Les auteurs de la proposition ont si bien senti tout l'effet de ces antinomies, qu'ils ont présenté un projet dans le but d'y mettre un terme.

Du reste, quelle est l'utilité de la signature d'un gérant dans une législation où il ne couvre plus qu'accessoirement de sa responsabilité fictive les délits commis dans la feuille qu'il signe? Elle est incontestablement nulle et doit disparaître. En vain on dira avec M. Tinguy que le journal peut commettre des contraventions, qu'il a une administration, qu'il peut être assigné, etc. Mais est-ce que c'est là une situation exceptionnelle? Il suffit de réfléchir un peu pour être convaincu que ce sont des éventualités communes à toutes les sociétés commerciales, sans distinction. Aussi, ce n'est pas sous ce rapport que les fonctions de gérants ont quelque chose d'anormal; car, en leur qualité d'administrateurs (L. 1828, art. 4), les contraventions résultent de leur fait, et les actions doivent être exercées contre eux, conformément à l'article 59 du Code de procédure, indépendamment de la responsabilité fictive résultant de leur signature au bas du journal. Il n'y avait donc aucune nécessité d'une dérogation au droit commun : par conséquent, il n'existait pas de motif pour maintenir une fiction reconnue désormais sans utilité.

26. Examinons maintenant les difficultés soulevées par les articles 3 et 4 de la loi de 1850.

D'abord, il est interdit de suppléer à la signature par de simples initiales, alors même qu'il y aurait impossibilité de se méprendre sur la personne à laquelle elles s'appliquent. Le *Moniteur* du 25 septembre contient sur ce sujet un avis que nous croyons devoir partiellement reproduire : « Les dispositions de la loi du 16-23 juillet 1850 sont diversement interprétées par les journaux. Les uns mettent au bas d'un premier article la signature de l'auteur et se dispensent de la mettre au bas des articles suivants. Les autres indiquent en tête de la première colonne les noms et les initiales de leurs principaux rédacteurs et se contentent de mettre les initiales au bas de chaque article. D'autres, enfin, placent au bas des articles une signature précédée de ces mots : *Pour le comité de rédaction.* Aucun de ces modes d'exécution ne satisfait aux prescriptions des articles 3 et 4 de la loi précitée. L'exécution de la loi doit être sérieuse, complète, uniforme.

« En se servant des termes « *tout article*, » le législateur n'a pas entendu dire qu'on signerait le premier article et qu'on se dispenserait de signer les suivants. En employant les mots : « *devra être signé*, » il a exigé une signature au bas de l'article et non des initiales dont il faut chercher la traduction dans une autre partie du journal. Enfin, en se servant des termes : « *par son auteur*, » il a voulu imposer à l'auteur ou aux auteurs l'obligation de se faire connaître et de répondre individuellement de leur œuvre ; il n'a pu entendre que cette individualité pût disparaître derrière la signature de l'éditeur responsable ou du fondé de pouvoir d'un comité de rédaction.

Toute marche qui persisterait à s'écarter de cette interprétation exposerait à des poursuites les journaux qui la suivraient. »

27. Un point qui donnera lieu à plus de difficultés sera de savoir ce qu'il faut entendre par un article de discussion politique, philosophique et religieuse, et par la discussion des actes ou opinions des citoyens, et des intérêts individuels ou collectifs. Il faudra décider pour chaque cas particulier si l'article a les caractères indiqués par la loi, faute d'une définition précise.

Et d'abord, qu'est-ce qui constitue une discussion à la différence d'une simple mention ou énonciation, avec blâme ou approbation ?

Sur cela, dans les premiers temps, surtout, l'appréciation des tribunaux sera très-variable et pourra être empreinte d'un certain caractère d'arbitraire ; mais il est à souhaiter, ce nous semble, qu'ils n'appliquent le mot *discussion* que dans le sens scientifique, généralement admis, c'est-à-dire, à des articles où le pour et le contre d'une opinion est réellement discuté, sauf à se montrer plus sévère pour les articles qui touchent à l'intérêt des particuliers ; il est à souhaiter, en un mot, que la loi soit appliquée dans une mesure raisonnable, avec une certaine tolérance, dans le sens où l'a entendue son auteur lui-même, M. de Tinguy, lorsqu'il disait : « Je ne parle pas des petites nouvelles, des petits « entrefilets, alors même qu'on dirait du mal de vous, « de moi, de telle ou telle personne dans la République. « Ce que je veux, c'est qu'en général, en somme, en « bloc, les articles aient leur responsabilité de manière à « détruire le faux prestige de l'anonyme. »

Selon nous, la question pour le juge se réduirait à ces deux points d'appréciation : l'article non signé contient-il véritablement blâme ou approbation ? L'auteur avait-il intérêt à rester inconnu ?

Nous le répétons, dans notre pensée, les expressions employées dans la loi enveloppent à peu près l'universalité des acticles qu'on peut publier dans un journal. Si, par exception, il en est quelques-uns à l'égard desquels on peut se soustraire à l'obligation de signer, ils ont si peut d'intérêt que ce n'est en vérité guère la peine de s'en affranchir. Dans tous les cas, s'il y a doute sur la nécessité de signer, on ne doit pas hésiter à le faire, sinon ce serait s'exposer gratuitement à des poursuites.

Toutefois, les articles portés d'ordinaire à la colonne intitulée : *Faits divers*, peuvent se passer de signature, pourvu cependant qu'ils ne renferment aucune discussion, ni appréciation de la nature de celles énumérées dans les articles 3 et 4. C'est ce qui résulte du texte même de la loi et des paroles de M. de Tinguy citées plus haut. Si cependant quelques-uns de ces articles contenaient une discussion religieuse, politique, etc., une seule signature suffirait pour l'ensemble. C'est ce qu'a jugé la Cour de cassation, le 10 mai 1851, au rapport de M. F. Hélie.

Plusieur tribunaux ont également décidé que les articles extraits des journaux étrangers n'étaient pas soumis aux prescriptions des articles 3 et 4 de la loi de 1850, et la Cour de cassation a confirmé cette interprétation ; mais elle a jugé, en même temps, que les articles extraits des journaux français devaient reproduire la signature de l'auteur. (Cour de cass. 17 mai 1851.)

28. La contravention aux articles 3 et 4 est punie d'une amende de 500 fr. pour la première fois et de 1,000 fr. en cas de récidive. Le silence gardé par le législateur sur la question de savoir si, pour qu'il y ait lieu à l'application de la deuxième peine, la récidive devait être commise *dans l'année*, indique malheureusement que les règles ordinaires du droit devront être appliquées, et qu'à l'exception de la première, toutes les infractions postérieures devront être frappées d'une amende de 1,000 fr.

En outre, « Toute fausse signature sera punie d'une amende de 1,000 fr. et d'un emprisonnement de six mois, tant contre l'auteur de la fausse signature que contre l'auteur de l'article et l'éditeur responsable du journal. »

Les termes mêmes de l'article et la discussion de l'Assemblée indiquent suffisamment que les peines doivent être prononcées simultanément contre l'auteur de l'article, le signataire et le gérant. Quelque rigoureuse que paraisse cette solution, il faut bien reconnaître, cependant, qu'elle est conforme aux principes généraux du droit criminel. Seulement la difficulté de prouver cette espèce de faux est telle, avec des hommes qui savent brûler leurs papiers, qu'elle équivaut presque à l'impunité, car aucune disposition légale n'ordonne la conservation des manuscrits.

29. Il nous reste une dernière difficulté à examiner. Devant quelle juridiction le ministère public devra-t-il poursuivre la répression des infractions aux articles 3 et 4 ?

Malgré notre prédilection pour le jury et notre sincère désir de voir étendre ses attributions à la connaissance de tous les délits, en laissant à ce mot son sens juridique, au lieu de lui accorder la signification arbitraire qu'il a reçue dans l'article 1er du Code pén., il est difficile d'admettre sa compétence générale à l'égard des faits prévus par les articles 3 et 4 de la loi de 1850.

Le Code pénal a divisé les infractions de toute nature

en trois classes, d'après les peines dont elles sont frappées. Mais la législation et la jurisprudence n'ont pas généralement appliqué cette division aux incriminations en matière de presse : on a, au contraire, toujours distingué les contraventions des délits, d'après leur caractère juridique, en attribuant la connaissance des premières aux tribunaux correctionnels et celle des autres au jury. Par suite, on a rangé dans la classe des contraventions toutes les infractions purement matérielles, et dans celle des délits toutes les incriminations dans lesquelles le juge doit apprécier l'intention de l'accusé ou les circonstances de l'accusation.

Ici, à la vérité, on peut soutenir que la question de savoir si un article renferme une discussion politique, philosophique ou religieuse, et si, par conséquent, l'auteur était dans l'obligation de le signer, entraîne une appréciation à laquelle le jury seul peut se livrer. On est même fondé à se prévaloir des articles 6 de la loi du 8 octobre 1830, 83 de la Constitution, et spécialement des articles 1, 5 et 6 de la loi du 10 décembre 1830, 4 de la loi du 27 juillet 1849, en vertu desquels la connaissance de faits absolument semblables est attribuée aux Cours d'assises. Il y a plus, on peut encore invoquer le discours que prononça dans la discussion d'une de ces lois M. le premier président Portalis. Mais toutes ces raisons, auxquelles on peut, du reste, opposer les articles 3 de la loi de 1828, 7 de la loi de 1849 et 13 de la loi de 1850, viennent se briser devant le texte formel de la loi : « Tout article . . . .
« . . . sera signé sous peine d'une amende de 500 fr.
« pour la *première contravention*. »

Bien qu'il ne nous soit pas démontré que l'auteur de l'amendement Tinguy ait su parfaitement la portée des expressions dont il s'est servi, le mot de *contravention* rapproché des explications données par le rapporteur au nom de la commission, avant le vote, indique la volonté des législateurs, de considérer les infractions prévues par les articles 3 et 4, comme devant rentrer dans la compétence des tribunaux correctionnels. Mais un dernier argument, et qui nous a semblé décisif, c'est qu'en droit toute infraction à une disposition légale qui commande l'accomplissement d'une formalité est une contravention. Or, les articles 3 et 4 ordonnant que les articles de discussion soient signés par leur auteur, l'omission de cette condition constitue donc une véritable contravention. C'est sans doute une disposition législative vicieuse, et en opposition avec toutes les lois que nous avons citées, mais enfin elle existe et l'arrêt de la Cour de cassation en date du 7 mars 1851, ne nous laisse ni doutes ni espérances sur la possibilité de lui accorder une interprétation plus libérale. Si on voulait attribuer aux juges correctionnels la connaissance des infractions aux articles 3 et 4, il fallait, qu'au lieu de distinguer entre les articles, on généralisât, d'une manière absolue, la prohibition ; alors le défaut de signature constituerait une contravention matérielle.

Mais à l'égard des fausses signatures, il nous est impossible d'admettre, — malgré la confusion établie dans la loi entre le défaut de signature et la fausse signature, — que ces faits ne constituent pas des délits et, par conséquent, qu'ils peuvent échapper à la juridiction des Cours d'assises. Le faux, en effet, ne peut jamais être considéré comme une infraction matérielle, car l'intention de nuire est l'un de ses trois éléments constitutifs. Cependant, par arrêt du 30 mai 1851, la Cour de cassation a jugé que la fausse signature apposée au bas d'un article de journal était une infraction de la compétence des tribunaux correctionnels.

§ 7. — DES PROHIBITIONS, DES CONTRAVENTIONS, DES PEINES ET DE LA PRESCRIPTION.

30. Nous allons maintenant passer en revue toutes les contraventions auxquelles la publication d'un journal peut donner naissance.

Les articles 6 et 7 de la loi de 1828, renferment l'énumération des formalités exigées, soit pour la fondation d'un journal, soit pour les modifications dont il peut devenir l'objet.

Art. 6. « Aucun journal ou écrit périodique sou-
« mis au cautionnement par les dispositions de la pré-
« sente loi ne pourra être publié, s'il n'a été fait préa-
« lablement une déclaration contenant : 1° le titre du
« journal ou écrit périodique, et les époques auxquelles
« il doit paraître ; 2° le nom de tous les propriétaires,
« autres que les commanditaires, leur demeure, leur
« part dans l'entreprise ; 3° le nom et la demeure des
« gérants responsables ; 4° l'affirmation que ces pro-
« priétaires et gérants réunissent les conditions de ca-
« pacité prescrites par la loi ; 5° l'indication de l'im-
« primerie dans laquelle le journal ou écrit périodique
« devra être imprimé.

« Toutes les fois qu'il surviendra quelques mutations,
« soit dans le titre du journal ou dans les conditions de
« sa périodicité, soit parmi les propriétaires ou les gé-
« rants responsables, il en sera fait déclaration devant
« l'autorité compétente dans les quinze jours qui sui-
« vront la mutation, à la diligence des gérants respon-
« sables. En cas de négligence, ils seront punis d'une
« amende de 500 fr.

« Il en sera de même, si le journal ou écrit périodi-
« que venait à être imprimé dans une autre imprimerie
« que celle qui a été originairement déclarée.

« Dans le cas ou l'entreprise aurait été formée par
« une seule personne, le propriétaire, s'il réunit les
« qualités requises, sera en même temps le gérant res-
« ponsable du journal. Dans le cas contraire, il sera
« tenu de présenter un gérant responsable.

« Les journaux, exceptés du cautionnement, seront
« tenus de faire la déclaration préalable prescrite par
« les Nos 1, 2 et 5 du premier paragraphe du présent
« article. »

Art. 7. « Ces déclarations seront accompagnées du
« dépôt des pièces justificatives : elles seront signées
« par chacun des propriétaires du journal ou écrit pé-
« riodique, ou par le fondé de pouvoir de chacun d'eux.
« Elles seront reçues à Paris, à la direction de la li-
« brairie, et dans les départements, au secrétariat gé-
« néral de la préfecture. »

31. L'inexécution de ces formalités constitue des contraventions, diversement appréciables au point de vue du droit, mais dont la répression est déterminée dans les articles précités. Nous allons examiner maintenant à qui appartiennent l'action et la connaissance de l'affaire dans chaque cas, et ensuite le mode de procéder pour obtenir jugement.

La déclaration, avons-nous dit, est la première des formalités imposées aux fondateurs des écrits périodiques, car elle doit précéder la publication. Elle peut être contestée *sous deux rapports*, ou comme irrégulière, ou comme manquant de sincérité, et cela dans deux cas, *avant la publication* ou *après la publication*. Une déclaration peut encore être l'objet d'une contestation lorsqu'elle a pour but de faire connaître les mutations qui sont survenues depuis la publication du journal.

Le droit d'attaquer ou de contester une déclaration appartient au préfet seul (cass. 25 mai 1850). La demande est portée devant le tribunal civil de l'arrondissement, et il y est statué, soit à la diligence du préfet, soit à celle de la partie, sur simple mémoire et sans frais, c'est-à-dire sans que le ministère des avoués ou des avocats soit obligatoire. Les écritures peuvent être sur papier libre, et la signification par huissier n'en est pas nécessaire.

Les effets de la contestation soulevée par le préfet sur la sincérité ou la régularité de la déclaration et des pièces à l'appui qui sont virtuellement comprises dans la déclaration prescrite par l'article 6, varient selon que le journal a paru ou qu'il n'a pas paru. Dans le dernier cas, la contestation suffit pour faire surseoir à la publication jusqu'au jugement à intervenir ; dans le premier, au contraire, le journal peut continuer à paraître.

Si, malgré les dispositions prohibitives de l'art. 10, l'écrit périodique paraissait, le gérant ne serait passible d'aucune peine, absolument comme dans le cas où il y a publication d'un journal sans déclaration préalable (P. 20, *sic* Rauter et Parant.) ; le tribunal pourrait seulement alors ordonner que la feuille publique cesserait de paraître. Cependant, si le gérant continuait à la publier malgré les injonctions du jugement, cette infraction serait encore dépourvue de toute sanction pénale. C'est bien la moindre des choses que ces dispositions soient purement comminatoires, car elles sont en dehors du droit commun, surtout celle qui déclare le jugement à intervenir exécutoire par provision, malgré l'effet suspensif de l'appel. Mais en matière de presse, on n'a pas toujours eu un respect bien superstitieux pour les principes.

32. Aucun délai n'étant déterminé pour l'exercice de l'action en contestation de la déclaration, il semble que le préfet ait le droit de la former quand bon lui semble. Ainsi, des journaux publiés depuis dix ou quinze ans pourraient voir les déclarations de leurs fondateurs contestées comme irrégulières ou insincères. Cela peut surprendre, mais cependant cela est conforme au texte même de la loi, interprété d'après les principes du droit commun. Car la contestation du préfet est une action civile soumise aux règles ordinaires de la prescription en matière civile.

La contestation existe, indépendamment de tout procès, par le refus de l'administration de recevoir comme sincère et régulière la déclaration qui lui est faite par le gérant d'un journal. Dès lors, il appartient à ce dernier d'en poursuivre le jugement devant le tribunal civil (Cass. 2 juillet 1847.)

33. Lorsque la sincérité ou la régularité de la déclaration n'a pas été contestée par l'autorité administrative, le gérant est à l'abri des poursuites du ministère public, qui est sans action à cet égard. Néanmoins, cela ne porte pas obstacle au droit de ce dernier en ce qui touche l'action pour déclaration fausse et frauduleuse.

L'article 11 de la loi de 1828 est ainsi conçu : « Si « la déclaration prescrite par l'article 6 est reconnue « fausse et frauduleuse en quelqu'une de ses parties, « le journal cessera de paraître, les auteurs de la déclaration seront punis d'une amende dont le *minimum* sera d'une somme égale au dixième, et le *maxi-*

« *mum* d'une somme égale à la moitié du cautionne-
« ment. »

La rédaction incorrecte de cet article a souvent induit en erreur les tribunaux eux-mêmes. L'amende prononcée contre le gérant n'est point une peine que le tribunal civil ait le droit d'appliquer : il peut ordonner que le journal cessera de paraître, voilà tout; mais si après la publication le procureur de la République découvre que la déclaration est fausse et frauduleuse, il y a un véritable délit mal à propos déféré aux tribunaux correctionnels, puisque ceux-ci ne doivent connaître que des contraventions. Ainsi, la contravention peut donner lieu à deux actions, l'une civile, l'autre criminelle : la première appartient au préfet, la deuxième au ministère public. (Cass., 25 mai 1850.)

On entend par déclaration fausse et frauduleuse une dissimulation de la vérité, *commise sciemment* sur un point quelconque de la déclaration... Néanmoins, pour être punissable, cette altération de la vérité doit être susceptible de causer un préjudice, soit en cherchant à cacher un fait défendu par la loi, soit en tendant à éluder ses prescriptions. Si les effets de la dissimulation ou du mensonge sont d'une innocuité parfaite, il n'y a pas déclaration fausse et frauduleuse.

Du reste, ici, comme dans tant d'autres dispositions, il faut bien reconnaître que le législateur a laissé aux juges du fond un pouvoir à peu près discrétionnaire par le vague de ses incriminations. Ainsi, en ne définissant pas ce qu'il entend par déclaration fausse et frauduleuse, un tribunal peut condamner sous ce prétexte un individu qui aurait mal indiqué, par exemple, les parts respectives des propriétaires dans l'entreprise. Cependant, une telle interprétation de l'art. 11 serait absurde.

L'amende prononcée par l'article est inégale, car elle frappe l'infraction commise par un journal quotidien, à Paris, plus gravement que celle d'un journal quotidien de province. C'est là un vice radical; les peines doivent être égales partout.

La cessation de paraître est la conséquence de l'annullation de la déclaration reconnue fausse et frauduleuse. C'est par conséquent assimiler cette déclaration au défaut de déclaration. Dès lors, le journal pourra reprendre le cours de ses publications en faisant une déclaration nouvelle. La cessation de paraître doit donc s'entendre dans le sens d'une suspension temporaire et non d'une interdiction.

Si, d'ailleurs, un doute pouvait subsister à cet égard, il serait levé par les termes si explicites de l'article 4 de la loi du 9 juin 1819 et par la loi de 1850, dont l'article 8 contient une disposition analogue à celle qui nous occupe. Dans ces cas, en effet, il est évident que la cessation de paraître imposée au journal dont le cautionnement est entamé par les amendes non acquittées, ne peut être que temporaire et doit finir avec la cause qui la fait naître.

34. La loi interdit aux journaux, à peine d'une amende de 200 fr. à 3,000, qui peut être portée au double en cas de récidive commise dans l'année, de rendre compte des procès pour outrages ou injures et des procès en diffamation dans lesquels la preuve des faits diffamatoires n'est pas admise par la loi. Il n'y a que deux exceptions à cette prohibition : 1° pour la plainte qui peut être seulement énoncée sur la demande du plaignant ; 2° pour le jugement qui peut être publié dans tous les cas. Par une conséquence toute naturelle de ce qui précède, il n'est pas défendu aux journaux de publier les procès en diffamation où la preuve testimoniale est admise et dont les débats ont été publics ; ils peuvent par conséquent rapporter les faits prétendus diffamatoires et les plaidoiries des avocats.

Lorsque, dans un procès, des faits diffamatoires étrangers à la cause sont produits, ils peuvent donner naissance soit à l'action publique, soit à l'action civile des parties ou même des tiers. Dans les deux premiers cas, s'il en a été accordé réserve par le tribunal, les journaux ne pourront les publier ni donner l'extrait des mémoires qui les contiennent, malgré la publicité qu'ils ont reçue à l'audience. Cette dérogation n'a rien d'exhorbitant, car les faits ayant été introduits subrepticement, ils ont surpris et usurpé une publicité qu'ils ne devaient pas recevoir. En général, cependant, les tribunaux ne doivent admettre qu'avec une réserve extrême ces sortes d'interdictions.

35. L'article 7 de la loi du 9 juin 1819 défend également aux journaux de rendre compte des séances secrètes de l'Assemblée nationale, sans son autorisation, sous peine d'une amende de 500 fr. à 1,000 fr.

36. Les journaux ne peuvent publier que les *actes publics* de l'instruction ou des débats criminels. Un arrêt d'accusation n'acquiert ce caractère que par la lecture en audience publique. Avant ce moment, son insertion dans un journal constitue une contravention aux prohibitions de l'article 10 (loi de 1849), qui peut être punie correctionnellement d'une amende de 100 fr. à 2,000 fr.; et en cas de récidive *dans l'année*, l'amende peut être portée au double et le coupable condamné à un emprisonnement de 10 jours à 6 mois. Ajoutons que l'article 10 est applicable aux actes de la *procédure correctionnelle*, contrairement au texte de la loi et à l'esprit du Code d'instruction criminelle, ainsi que la Cour de cassation l'a jugé le 18 juin 1851 dans l'affaire du *Peuple de Marseille*.

37. L'interdiction de publier les noms des jurés n'est point absolue : on peut les faire connaître sans s'exposer à aucun péril, dans le compte-rendu de l'audience où le jury a été constitué.

La défense de rendre compte des délibérations intérieures du jury ou des tribunaux n'a rien de contradictoire avec le principe posé dans l'article 10, car elles ne sont pas publiques.

Toutes ces dispositions, dont la plupart ne sont que la reproduction d'un article du Code de septembre, ont été empruntées à une proposition faite en 1848 par M. Louis Blanc; elles ont pris place dans la loi de 1849, sur la demande de M. Labordère. Du reste, la peine de 200 fr. à 3,000 fr. d'amende dont chacune de ces infractions est punie est inférieure à celle qui était édictée par la loi de 1835; mais, en cas de récidive dans l'année, la peine peut être portée au double.

Ici, comme dans le cas prévu au numéro précédent, la récidive doit exister à l'égard du gérant et non à l'égard du journal. Ainsi, quand même un précédent gérant aurait été condamné à l'occasion d'une des infractions prévues par notre article, il y aurait impossibilité d'appliquer au nouveau gérant les peines de la récidive.

37. Il est également interdit d'ouvrir ou annoncer publiquement des souscriptions ayant pour objet d'indemniser des amendes, frais, dommages-intérêts prononcés par des condamnations judiciaires, sous peine d'un emprisonnement d'un mois à un an, et d'une amende de 500 fr. à 1,000 fr. Mais il n'y a rien d'illicite ni de répréhensible dans le fait d'ouvrir une souscription pour subvenir aux frais nécessités par la défense d'un procès pendant, soit en police correctionnelle, soit devant les assises, soit même devant la Cour de cassation.

38. Un représentant du peuple ne peut signer un journal en qualité de gérant, sans exposer les imprimeurs et propriétaires du journal à une amende de 500 fr. à 3,000 fr.

A l'égard des contraventions aux lois sur la signature, nous renvoyons nos lecteurs au chapitre : *du dépôt de la signature et de la responsabilité.*

Enfin, la loi du 21 mai 1836, art. 4, porte que ceux qui auront colporté ou distribué des billets, ou qui, par des avis, annonces, affiches, ou par tout autre moyen de publication auront fait connaître l'existence des loteries françaises ou étrangères, ou facilité l'émission des billets, seront punis d'un emprisonnement de 15 jours à 3 mois, et d'une amende de 100 fr. à 2000 fr., et, en outre, privés du droit électoral. (Loi du 31 mai 1850, art. 8, n° 10.). En cas de récidive, les peines pourront être élevées au double du maximum. Dans tous les cas, l'art. 463 du C. P. sera applicable.

La même prohibition d'annoncer les remèdes secrets existe en vertu de l'article 36 de la loi du 21 germinal an XI. L'infraction est punie d'un emprisonnement de trois jours et d'une amende de 16 francs.

39. La poursuite des contraventions a lieu d'office, et le jugement en est déféré aux tribunaux correctionnels.

Les contraventions prévues par les art. 7, 8 et 11 de la loi du 9 juin 1819, ne peuvent plus être recherchées ni poursuivies, s'il s'est écoulé un délai de trois mois à compter de la contravention. Il en est de même du cas où les poursuites, commencées en temps utile, ont été interrompues pendant le même laps de temps. Dans l'un comme dans l'autre cas, ces contraventions demeurent effacées par le bénéfice de la prescription. Quant aux autres, d'après la jurisprudence, elles se prescrivent conformément aux règles tracées par le C. d'I. C. (Cass., 3 septembre 1842), c'est-à-dire par trois années révolues, à compter du jour où l'infraction a été commise (638, C. d'I. C.).

C'est là certainement une mauvaise interprétation, car les contraventions ne perdent pas leur caractère juridique, parce qu'elles sont punies d'amendes extrêmement élevées. Elles devraient donc se prescrire par une année (640, C. d'I. C.).

Les contraventions aux lois sur le timbre se prescrivent par deux années, conformément aux art. 14 de la loi du 16 juin 1824, et 61, n° 1 de la loi du 22 frim. an 7.

Les délits de compte-rendu infidèle et de diffamation, quand l'action a été réservée par un tribunal, sont prescrits par un délai de 3 mois.

Enfin, la prescription étant un moyen d'ordre public doit être prononcée d'office.

§. 8. — DES INSERTIONS ET RÉPONSES.

40. Tout gérant est tenu d'insérer en tête de sa feuille les documents officiels, relations authentiques, renseignements et rectifications qui lui sont adressés par tout dépositaire de l'autorité publique. La publication doit avoir lieu le lendemain de la réception des pièces. Si, toutefois le journal n'était pas quotidien, il

ne serait tenu de faire l'insertion que dans le plus prochain numéro. La publication a lieu sous la seule condition du paiement des frais.

Toute autre insertion réclamée par le gouvernement, par l'intermédiaire des préfets, sera faite de la même manière et sous les mêmes conditions, sous peine, pour chaque contravention, d'une amende de 50 fr. à 500 fr.

41. L'art. 11 de la loi de 1819 astreint les éditeurs de toute feuille périodique à insérer, dans le mois, un extrait de la décision judiciaire qui les condamne. L'extrait ne doit contenir que les motifs et le dispositif de l'arrêt de condamnation. Aucune place particulière n'ayant été prescrite pour cette insertion, elle peut avoir lieu dans toutes les parties du journal.

L'extrait peut également être imprimé en petits caractères; mais la publication doit-être faite dans le mois du jugement où arrêt, et non de la *signification*. Cependant nous croyons que cette formalité doit être préalablement remplie, car on ne peut forcer un citoyen à publier une chose qu'il est censé ne pas connaître, d'autant mieux que l'inexactitude de l'extrait pourrait donner lieu à des poursuites, en vertu de l'art. 4 de la loi de 1849.

Il n'est pas nécessaire toutefois que l'arrêt ordonne l'insertion ; c'est là une conséquence légale qui est indépendante de la volonté du juge. (*contra* Chassan, t. 2. p. 500, pour Grattier, t. 2 p. 28).

En ce qui touche les insertions d'un jugement étranger au journal, elles ne sont pas obligatoires. Ainsi, le gérant peut se refuser à publier l'extrait d'une décision judiciaire qui ne frappe ni lui, ni son journal.

42. Les propriétaires ou éditeurs de tout écrit périodique sont tenus d'y insérer, dans les trois jours de la réception, ou dans le plus prochain numéro, la réponse de toute personne nommée ou désignée dans ledit journal, sous peine de 50 fr. à 500 fr. d'amende, sans préjudice des autres peines et dommages-intérêts auxquels l'article incriminé pourrait donner lieu.

Les réponses et rectifications pourront avoir le double en longueur des articles qui les auront provoquées, et elles seront gratuites. Mais si elles dépassent cette limite, le prix d'insertion sera dû pour le surplus seulement.

L'obligation, pour les journalistes ou éditeurs d'écrits périodiques, d'insérer la réponse de toute personne nommée ou désignée dans leurs journaux, a toujours été plutôt étendue que restreinte par la jurisprudence. Nous ne nous en plaignons pas, car l'usage du droit de réponse a pour conséquence de rendre la publicité plus sincère et d'empêcher le journalisme de dégénérer en oppression. Ainsi, il est établi que la faculté, appartenant à toute personne nommée, doit s'étendre notamment au cas où l'article, contre lequel serait dirigée la réponse, ne contiendrait qu'une simple critique littéraire; en outre, il n'était pas nécessaire, pour avoir le droit de répondre, que l'article, dans lequel on a été nommé ou désigné, soit injurieux ou diffamatoire.

La personne nommée ou désignée est seule juge de l'opportunité, de l'étendue, de la forme et de la teneur de sa réponse. Le journaliste ne peut en refuser l'insertion intégrale, sous aucun prétexte. Les tribunaux ne doivent autoriser le refus d'insertion, que si l'ordre social, la morale publique, l'intérêt d'un tiers, ou l'honneur du journaliste sont compromis dans cette réponse. Ce sont là des excuses.

Toutefois, il ne suffit pas qu'un individu soit nommé, ou que son nom se trouve accidentellement dans un journal pour que le droit dont nous venons de parler lui soit acquis; il faut qu'il ait un intérêt sérieux et légitime à faire respecter, et le mot *réponse*, dont se sert la loi, indique suffisamment que l'action doit avoir pour base une cause, un mobile, une incitation à parler.

Enfin, ce droit de réponse comprend nécessairement celui de faire insérer une réplique aux observations, dont le rédacteur du journal a accompagné une première réclamation. Son exercice, du reste, soulève une question.

Le gérant peut-il refuser ou retarder l'insertion d'une lettre, par le motif que les frais n'ont pas été offerts ou payés préalablement ?

La négative a été décidée notamment par arrêt de la Cour de Paris, du 16 mai 1850, par ces motifs : 1° que le prix d'insertion n'étant pas fixé par la loi, et des contestations pouvant s'élever, soit sur ce point, soit sur la longueur de la réponse, la disposition de la loi deviendrait sans effet, en retardant indéfiniment l'insertion qui, pour être efficace, doit avoir lieu dans le délai fixé; 2° que la loi, n'imposant pas l'obligation du paiement préalable, le gérant du journal qui a donné lieu, par son fait, à l'insertion de la réponse exigée de lui, ne peut la retarder par une réclamation dilatoire.

Lorsqu'un tribunal ordonne l'insertion de son jugement dans un journal spécialement désigné, mais étranger au litige, cette désignation n'emporte aucune obligation pour le gérant de ce journal, qui peut refuser l'insertion.

En effet, la loi ne déroge pas au principe qu'un jugement ne peut nuire à celui qui y est étranger.

43. Les contraventions aux dispositions relatives aux droits des tiers, par rapport aux journaux, de même que celles qui ont pour objet les insertions des actes, ou des réponses de l'autorité, sont du ressort de la police correctionnelle. Elles constituent, en effet, des infractions purement matérielles, car le refus d'insertion, fondé sur l'inconvenance d'une lettre, n'est autre chose qu'une *excuse* à la contravention.

LIVRE II.

DES CRIMES ET DÉLITS COMMIS PAR LA VOIE DE LA PRESSE OU PAR TOUT AUTRE MOYEN DE PUBLICATION.

44. Nous venons d'assister à la création du journal ou écrit périodique.

Suivons-le maintenant dans sa carrière si épineuse, et tâchons de signaler à l'écrivain tous les périls d'une législation confuse et dont les textes multipliés ont presque toujours pris naissance au milieu de circonstances auxquelles ils ont emprunté un caractère de passion et d'hostilité souvent aveugle.

Aussi, que l'écrivain ait ou non conscience de la portée de son œuvre, il est rare qu'il échappe aux conséquences des poursuites dirigées contre lui. Ce que nous appelons, en droit, l'*exception de bonne foi*, ne lui profite pour ainsi dire jamais, surtout dans les temps de préoccupations politiques et sous l'empire de cette tradition déplorable qui consiste à poursuivre, non pas seulement le fait matériel, c'est-à-dire ce qui est écrit, mais encore la pensée imputée par l'accusation à l'écrivain, quelles que soient d'ailleurs les protestations de celui-ci, à l'encontre de cette imputation.

45. La presse peut être poursuivie pour trois espèces d'infractions : les contraventions, — les délits, — ou les crimes.

La *contravention*. — C'est l'infraction que les lois punissent de peines de simple police (Exemple : emprisonnement de un jour à cinq jours ; — amende de 1 fr. à 15 fr.)

Le *délit*. — C'est l'infraction que les lois punissent de peines correctionnelles (Exemple : emprisonnement à temps ; — interdiction de certains droits ; — amendes).

Le *crime*. — C'est l'infraction que les lois punissent d'une peine afflictive ou infamante (Exemple : travaux forcés ; — déportation ; — détention ; — réclusion ; — bannissement, etc.)

Telle est la division adoptée par le Code pénal ; mais la législation spéciale de la presse et la jurisprudence ont fait prévaloir une division différente. Dans ce système on distingue, les infractions, d'après leur caractère juridique, en contraventions et en délits. Les premières sont du ressort de la police correctionnelle, tandis que la connaissance des autres appartient au jury.

Mais la division doctrinale n'a pas résisté aux caprices de la législation et à l'esprit d'envahissement des tribunaux. C'est le caractère distinctif des juridictions permanentes d'avoir une tendance remarquable à l'absorption des juridictions temporaires. L'histoire des baillis royaux en est une preuve irréfragable.

DES CRIMES. — PROVOCATION.

46. C'est à la partie matérielle, à l'instrument, que s'adresse le système de répression que nous venons d'examiner au livre précédent et qui constitue plus particulièrement la *police de la presse*.

Voyons maintenant les crimes et délits dont la connaissance a été attribuée définitivement au jury par la Constitution de 1848.

Et, d'abord, la presse peut-elle être l'objet d'incriminations spéciales? Non, car elle n'est qu'un instrument; or, ce n'est point l'instrument employé à la perpétration d'un crime que l'on frappe, mais le criminel qui en a fait usage. « En cet état que fait-on, disait M. Portalis au conseil des anciens, quand on propose une loi particulière sur les délits de la presse? C'est comme si, en matière d'assassinat, on proposait une loi sur les délits du sabre ou du pistolet. Il est défendu d'assassiner; *l'instrument qui sert à commettre le crime n'en change pas la nature.* » (Dans le même sens M. de Serre, M. Bérenger, M. Hélie, etc., etc.)

Malgré l'incontestable exactitude de cette doctrine, les législateurs ne l'ont point adoptée. Ils lui ont substitué, nous ne savons quelles idées dont l'assemblage incohérent forme néanmoins un système répressif des plus formidables.

48. Les moyens par lesquels l'écrivain peut commettre un crime, aux termes de l'article 1er de la loi du 17 mai 1819, se résument dans un mot : la provocation.

Qu'est-ce donc que provoquer?

C'est pousser, exciter quelqu'un à commettre une action bonne ou mauvaise, et, au besoin, lui suggérer les moyens de l'accomplir.

Telle est, en matière ordinaire, la définition la plus vulgaire, mais aussi la plus conforme au bon-sens.

En matière de presse, les choses sont un peu plus compliquées.

Voici, en effet, la définition donnée par M. de Serre, et acceptée, lors de la discussion de la loi du 17 mai 1819. « *Il y a provocation lorsqu'il y a malignité* « *d'intention dans l'auteur, et que l'effet du discours* « *ou de l'écrit est, ou a pu être tel qu'il dispose au* « *crime ou au délit.* »

C'est, en peu de mots, l'origine des procès de tendance et de la célèbre théorie sur la *complicité morale*.

49. Quiconque a provoqué l'auteur d'une action

qualifiée crime ou délit, à la commettre, est réputé complice et puni comme tel, c'est-à-dire qu'il est, en général, frappé de la même peine que l'auteur ou les auteurs de ces crimes ou délits et d'après les distinctions suivantes :

Si la provocation à commettre *un ou plusieurs crimes n'a été suivie d'aucun effet*, elle est punie d'un emprisonnement qui ne peut être moindre de trois mois ni excéder cinq années, et d'une amende qui ne peut être au-dessous de 50 fr. ni au-dessus de 6,000 fr.

Si la provocation à commettre *un ou plusieurs délits n'a été suivie d'aucun effet*, elle est punie d'un emprisonnement de trois jours à deux années et d'une amende de 30 fr. à 4,000 fr., ou de l'une de ces deux peines seulement, selon les circonstances, lesquelles, en l'absence de toute règle et de toute autre définition, sont laissées à l'appréciation arbitraire des trois juges qui composent une Cour d'Assises.

Toutefois, dans les cas où la loi prononcerait une peine moins grave contre l'auteur même du délit, cette peine serait alors appliquée au provocateur. En d'autres termes, la provocation à un délit, non suivie d'effets, ne peut jamais être punie plus rigoureusement que le délit lui-même.

50. Toute provocation adressée aux militaires des armées de terre et de mer, dans le but de les détourner de leurs devoirs militaires et de l'obéissance qu'ils doivent à leurs chefs, est punie d'un emprisonnement d'un mois à deux ans, et d'une amende de 25 fr. à 4,000 fr., sans préjudice des peines plus graves lorsque le fait constitue une tentative d'embauchage ou une provocation à une action qualifiée crime ou délit.

51. La provocation à la désobéissance aux lois est punie d'un emprisonnement de trois jours à deux ans, et d'une amende de 30 fr. à 4,000 fr., ou de l'une de ces deux peines seulement, selon les circonstances.

Mais qu'est-ce que la provocation à la désobéissance aux lois, et en quoi consiste ce délit ?

Presque toutes les incriminations de la presse n'ont

rien de défini, rien qui les signale à l'attention de l'écrivain.

Une phrase, un mot de plus ou de moins, une épithète plus ou moins adroitement ajoutée ou retranchée, et l'écrit passe, de l'innocence la plus complète, à l'état de la plus noire culpabilité. Ceci est surtout vrai pour le délit de provocation à la désobéissance aux lois. — Rien, en effet, de moins précis que cette infraction, et rien cependant de plus sujet à la controverse et à la critique, même la plus vive, que les dispositions législatives.

52. La loi, quelque soit son objet, n'est jamais que le résultat et l'expression d'un besoin ou d'une circonstance ; elle reflète les mœurs, les tendances et surtout les frayeurs de l'époque. Elle est donc destinée à disparaître avec les causes qui l'ont fait naître. Mais cette disparition, ou plus régulièrement cette abrogation, se fait souvent attendre, et il arrive qu'une loi continue à régir un état social avec lequel elle a cessé d'être en harmonie. Cette situation anormale soulève nécessairement des critiques, disons mieux, des récriminations.

Ainsi, pour nous servir de notre propre sujet pour exemple, les lois monarchiques de 1819 et de 1822, toute empreintes du droit divin, régissent encore la presse, bien que la forme et le principe du gouvernement actuel repose sur une base et des idées diamétralement opposées à la monarchie de 1814. C'est une anomalie choquante.

Eh bien ! de ce que nous émettons cette opinion, est-ce à dire que nous provoquons à la désobéissance à ces lois ? — Evidemment non ! Mais tout en reconnaissant qu'il faut se soumettre à leur puissance tant qu'elles n'auront pas été abrogées, nous usons d'un droit incontestable, celui de critiquer une législation qui nous paraît essentiellement vicieuse.

C'est par application de ces principes que la cour de Paris, dans un arrêt du 27 mai 1827, a reconnu et consacré ce principe que l'exposition d'une doctrine erronée, telle que celle de dénier à certains agents de la force publique, le droit d'arrestation que la loi leur accorde, ne saurait être considérée comme constituant par elle-même, et abstraction faite de l'intention, le délit de provocation à la rébellion et de désobéissance aux lois.

53. Terminons sur ce point, en faisant remarquer qu'il n'est pas dérogé par les dispositions spéciales qui précèdent, aux lois qui punissent la provocation et la complicité résultant de tous autres actes.

DÉLITS.

54. Avant de passer à l'examen des différentes incriminations dont la presse est l'objet spécial et direct, nous devons faire une observation capitale, c'est qu'en cette matière, toutes les infractions n'existent, et ne sont susceptibles d'être poursuivies qu'après la publication et par le fait de la publication.

En d'autres termes, les contraventions, délits ou crimes contenus dans un écrit quelconque, ne peuvent être recherchés dans le manuscrit, ni même dans l'imprimé, si l'imprimé ou le manuscrit n'ont pas reçu la publicité résultant de la *vente ou distribution, mise en vente ou exposition dans des lieux ou réunions publics* (art. 1er, L. 19 mai 1819).

55. Pour savoir si un lieu est public, il faut s'attacher à la nature du lieu plutôt qu'au nombre des personnes qu'il peut contenir.

Ainsi, un café, la boutique d'un marchand de vin, une salle de spectacle, sont des lieux publics. Il a été aussi jugé que la salle de bain d'un hôpital est un lieu public, indépendamment du nombre de personnes qu'elle peut contenir. — Une auberge et toutes ses dépendances habituellement destinées à recevoir le public, sont des lieux publics, alors même qu'elles sont momentanément et exclusivement occupées par une réunion particulière; un greffe de tribunal est un lieu public; la classe d'une école composée non-seulement d'élèves internes, mais encore d'élèves externes constitue une réunion publique.

Mais la boutique d'un marchand ne peut être considérée comme un lieu public ; une voiture publique n'est point nécessairement un lieu public, alors même qu'il y aurait plusieurs voyageurs.

Ces exemples nous paraissent suffisants pour caractériser ce qui constitue le lieu ou la réunion publique. Voyons maintenant la série des délits dont un écrivain est susceptible de se rendre coupable.

56. *Fausse signature.* — Nous venons de voir rangé au nombre des contraventions, le défaut de signature au bas de certains articles dont l'énumération précède.

Toute fausse signature apposée à ces mêmes articles constitue un délit puni d'une amende de 1,000 fr. et d'un emprisonnement de six mois, tant contre l'auteur de la faussse signature, que contre l'auteur de l'article et l'éditeur responsable d'un journal. Néanmoins la Cour de cassation a jugé implicitemement que c'était une contravention, ce qui n'a pas empêché la Cour de Nancy d'appliquer les règles de la complicité à des faits de cette nature.

57. *Outrage à la morale publique et religieuse, ou aux bonnes mœurs.* — Comme cette espèce de délit justifie bien toutes nos observations précédentes, à propos de la provocation !

Qu'est-ce en effet que la morale, et surtout qu'est-ce que la *morale publique* et *religieuse ?*

Morale. — Science des mœurs ; définition scientifique qui, déduite et analysée, disséquée pour ainsi dire, nous avait fait penser qu'il ne pouvait y avoir au monde qu'une morale.

Eh bien non ! cette idée était apparemment trop simple pour être vraie. De par la loi de 1819, il y a, ou il peut y avoir trois morales : la morale particulière de certains hommes, de certaines classes, de certains intérêts ;—la morale publique — et la morale religieuse !

Quelle est la morale qu'il faudra respecter ? quels sont les intérêts, les calculs égoïstes, les transactions et les capitulations de conscience qu'il sera permis de percer à jour ? N'y aura-t-il pas prudence à consulter pour cela le pays et l'époque où l'on vivra ?

Certes, la loi n'est pas chargée d'abriter toutes les petites morales particulières, et cependant n'avons-nous pas vu certaines classes, certains intérêts investis de tant de puissance et d'adresse qu'il y aurait eu danger à les froisser ; car ils auraient pu faire considérer la morale de leurs intérêts, comme étant la morale publique !

58. Mais enfin, la vraie morale publique et religieuse ! Oh ! à cet égard, écoutons M. de Broglie, rapporteur de la chambre des pairs. Il dit : « *Que la loi n'a voulu « punir que les attaques gratuites et brutales, heu- « reusement rares dans ce siècle, et que l'impudence « ou l'impiété dirigent contre des objets respectables, « uniquement parce qu'ils sont respectés !* » Puis, expliquant l'intention renfermée dans ces mots : *morale publique*, il ajoute : « *Le mot était nouveau, il pou- « vait être critiqué, mais il avait au moins l'avan- « tage de* NE RIEN EXCLURE ET DE NE RIEN DÉSIGNER, *de « remettre seulement entre les mains de la société, « représentée par plusieurs jurys successifs, une « arme pour la défendre, précisément sur le point « où elle se sentirait blessée !* »

Si, à l'aide de cette définition, les écrivains ne trouvent pas, dans la loi, ce qui est la condition vitale de toute bonne loi, c'est-à-dire, un sens clair, familier et présentant sur-le-champ une idée nette à tous les esprits, et s'ils récriminent, faudra-t-il s'étonner et les accuser de manquer de respect à la loi ? Enfin, qu'est-ce donc qu'une loi spéciale sur la morale religieuse, qui varie de territoire à territoire, et d'après laquelle il sera loisible d'attaquer ou de respecter, en France, la morale des catholiques ; en Allemagne et en Angleterre, celle des luthériens, des calvinistes et des anglicans; ou bien en Turquie, celle de l'alcoran!

Cependant, dans l'exposé des motifs de la loi de 1828, le ministre disait : « Lorsqu'il s'agit de répression, il ne faut point laisser aux juges de questions vagues à décider ; ils ne doivent être appelés qu'à statuer sur des faits précis. C'est dénaturer leur institution que de les forcer à rechercher si une épigramme est politique ou littéraire; c'est transformer une cour en académie et nos dispositions pénales en un texte de dissertations. »

Quoiqu'il en soit, tout outrage à la morale publique et religieuse, ou aux bonnes mœurs, est puni d'un emprisonnement d'un mois à un an, et d'une amende de 16 fr. à 500 fr.

59. Ces dispositions n'ont point paru suffisantes. On a pensé que les mots *morale religieuse,* ne s'appliquaient pas aux cérémonies, aux rites et au culte en lui-même. Cette lacune a été comblée par la loi du 25 mars 1822.

« Quiconque, dit cette loi, aura outragé ou tourné en dérision la religion de l'Etat, ou toute autre religion, dont l'établissement est légalement reconnu en France, sera puni d'un emprisonnement de trois mois à 5 ans et d'une amende de 300 fr. à 6,000 fr. »

Encore un délit dont la définition n'existe nulle part, qui n'a point de caractère précis et déterminé et dont l'appréciatian est toute arbitraire. Cependant, il est certain que chaque religion, en France, a le droit d'établir ses dogmes particuliers et de combattre ceux des autres religions. Il est incontestable que l'exercice légal de la liberté religieuse peut aller, par exemple, jusqu'à prédire l'anéantissement de la religion chrétienne, ou nier publiquement le dogme chrétien de la perpétuité de la foi; et pourvu que la négation ne dégénère pas, par la manière dont elle est exprimée, en injure et outrage, soit à cette croyance, soit à ceux qui la professent, peu importe que cette négation soit contenue dans un écrit périodique, journal ou gazette, ou dans un ouvrage scientifique, peu importe que l'auteur de la proposition ait agi par conviction ou légèreté, au profit d'une autre religion ou au profit de l'irreligion elle-même.

Nier la révélation des vérités du christianisme, n'admettre en religion d'autres dogmes essentiels que l'existence de Dieu et l'immortalité de l'âme, si d'ailleurs l'écrivain est convenable et mesuré dans ses expressions, tout cela n'est pas outrager, ni tourner en dérision la religion de l'Etat. Ajoutons que toutes ces règles d'appréciation ressortent déjà de la jurisprudence.

60. Mais pourtant, une difficulté se présente. La révolution de 1848 n'a-t-elle pas emporté cette disposition de la loi du 25 mars 1822?

C'est notre avis, soit que nous considérions les conséquences de cette révolution, qui a substitué au régime monarchique un principe, qui ne peut vouloir admettre de religion d'Etat, c'est-à-dire, de religion dominante ; soit enfin, parce que le décret du 11 août 1848, en déclarant modifier les lois de 1819 et 1822 a édicté une pénalité nouvelle contre les auteurs de toute attaque contre la liberté des cultes, et d'outrages à un ministre de l'un des cultes salariés par l'Etat.

Cependant, comme l'abrogation formelle de la loi de 1822, en cette partie, n'a point été prononcée, comme il n'y a pas incompatibilité absolue entre les dispositions de ces deux lois de 1822 et de 1848 ; comme enfin, on revient aujourd'hui sur le passé, nous avons cru devoir présenter cette analyse de la loi de 1822, à titre d'avertissement.

62. *Attaque contre l'Assemblée et les institutions républicaines.* — Toute attaque contre les droits et l'autorité de l'Assemblée nationale, contre les institutions républicaines et la Constitution, contre le principe de la souveraineté du peuple et du suffrage universel, est puni d'un emprisonnement de trois mois à 5 ans et d'une amende de 300 fr. à 6,000 fr.

Sous le régime monarchique, les attaques de cette nature étaient réputées crimes, et punies en conséquence. Elles ne sont plus aujourd'hui que des délits. Est-ce un progrès? Est-ce de la part du législateur une preuve de foi dans la vigueur du régime républicain, ou tiédeur à le défendre? Nous laissons à chacun le soin de choisir la thèse qui lui conviendra. Nous nous bornons à déplorer qu'un gouvernement, quel qu'il soit, ne se croie fort qu'avec de pareilles garanties?

63. *Président de la République.* — Un délit que nous comprenons beaucoup moins que le précédent, c'est celui d'attaque contre les droits et l'autorité que le président de la République tient de la Constitution.

Ce délit est puni de trois mois à 5 ans de prison et d'une amende de 300 fr. à 6,000 fr.

Les offenses envers sa personne sont punies d'un emprisonnement de un mois à 3 ans et d'une amende de 100 fr. à 5,000 fr. — La poursuite est exercée d'office par le ministère public.

C'est là un emprunt fait, par la loi du 27 juillet 1849, à celle de 1819. — Sans rechercher l'intérêt et surtout l'esprit qui a présidé à cette résurrection, il faut remarquer que quoi qu'on ait fait à cet égard, il a été impossible de supprimer l'histoire et d'effacer l'influence du milieu dans lequel nous nous trouvons.

Ainsi, sous le régime monarchique, et d'après la Charte, la personne du roi était inviolable et sacrée; les ministres seuls étaient responsables. — De là, la fameuse maxime : « *le roi règne et ne gouverne pas.* » En conséquence, la critique et le blâme des actes du gouvernement ne pouvaient légalement remonter jusqu'au roi, sans constituer le délit d'offense à sa personne, ou d'attaque à ses droits.

Mais aujourd'hui, les positions sont entièrement changées. Le président de la République administre sous sa responsabilité personnelle. Comme pouvoir exécutif il est partie intégrante du gouvernement. Il y a donc nécessité d'admettre et de souffrir la critique et même le blâme de ses actes politiques, le tout évidemment sous une forme digne et convenable.

Or, cette critique ne pourra et ne devra jamais constituer le délit d'offense à la personne du président. Car, pour qu'il existe, il faut que l'écrit renferme les deux conditions que voici : 1° que l'attaque soit personnelle et directe. 2° Qu'elle soit de nature à constituer une offense.

Ajoutons, que par le mot *offense*, le législateur a voulu punir toutes les allégations ou expressions qui, sans être injure, outrage ou diffamation, seraient d'une nature blessante.

63. *Du gouvernement de la République*.— « Quiconque aura excité à la haine ou au mépris du gouvernement de la République sera puni d'un emprisonnement d'un mois à quatre ans et d'une amende de 150 fr. à 5,000 fr. »

Ce délit d'excitation à la haine et au mépris du gouvernement n'est autre chose qu'une incrimination, dans laquelle les autres viennent se confondre. De toutes les créations répressives des lois sur la presse, c'est la plus vague, la plus dangereuse et la plus perfide. Il n'est pas un écrit qui ne puisse être poursuivi pour excitation à la haine et au mépris du gouvernement. Aussi, la Cour de cassation ne s'écartait point d'une saine interprétation de la loi, en jugeant que la preuve des faits incriminés comme constituant ce délit, ne pouvait être admise en justice. Cette disposition doit disparaître d'une législation honnête et loyale.

Il ne s'agit plus ici, comme au numéro 61, du principe abstrait, mais bien du gouvernement en entier, c'est-à-dire, des hommes et des choses. Aussi, par le mot *gouvernement*, faut-il entendre l'ensemble du mécanisme gouvernemental, — présidence, — assemblée, — ministère. Donc, pourra seule tomber sous la pénalité de cet article l'attaque violente et haineuse qui embrassera la totalité du mécanisme. Toute attaque particulière contre l'Assemblée, les tribunaux, le président, etc., etc., est prévue et punie par des dispositions spéciales.

Enfin, la loi elle-même a pris soin de déclarer formellement qu'elle n'entendait, en aucune façon, porter atteinte au droit de discussion et de censure des actes du pouvoir exécutif et des ministres. Ce sera donc au jury a maintenir ce droit, en discernant la censure, même la plus vive, d'une attaque haineuse et sans fondement.

64. *Offenses envers l'Assemblée. — Les souverains et les chefs des gouvernements étrangers.*

L'offense envers l'Assemblée est punie d'un emprisonnement d'un mois à trois ans et d'une amende de 100 fr. à 5,000 fr.

Les tribunaux ne peuvent connaître d'un délit d'offense à l'Assemblée, qu'autant que celle-ci a autorisé les poursuites du ministère public. A défaut d'autorisation, celui-ci est sans action; c'est une fin de non-recevoir qui peut lui être opposé en tout état de cause, même, pour la première fois, devant la Cour de cassation, puisqu'en effet le délit n'est pas censé exister, tant qu'il n'a pas été relevé par l'Assemblée. C'est ce qui a été décidé, en 1849, par la Cour de cassation, dans l'affaire Dufraisse, sur la plaidoierie de l'un de nous.

65. Mais, au lieu d'autoriser les poursuites par la voie ordinaire, l'Assemblée peut, sur la simple réclamation d'un de ses membres, ordonner que le prévenu sera traduit à sa barre. Après qu'il a été entendu ou duement appelé, elle le condamne, s'il y a lieu, aux peines portées par la loi. La décision est exécutée sur l'ordre du président de l'Assemblée. Nous n'avons pas besoin de dire que nous n'approuvons en aucune manière une disposition qui confère a un être collectif le droit d'être juge dans sa propre cause.

66. La loi n'a tracé aucune procédure particulière pour le cas où l'Assemblée connaîtrait elle-même des offenses commises envers elle. Mais voici celle qui résulte de ses précédents :

1° Lorsqu'elle statue, sur la proposition faite par un de ses membres, elle fixe le délai de comparution.

2° Il doit être, à l'ouverture de la séance, procédé à l'appel nominal, pour constater les membres présents. Cet appel ne doit pas être fait nécessairement devant le prévenu.

3° Celui-ci a droit de se faire assister d'un défenseur.

4° Une première décision a lieu sur la culpabilité, à la majorité absolue des suffrages des membres présents, et une deuxième, sur la peine à appliquer, à la majorité relative.

67. L'offense envers la personne des souverains ou envers celle des chefs des gouvernements étrangers est puni d'un emprisonnement d'un mois à trois mois et d'une amende de 100 fr. à 5,000 fr.

Par le délit d'offense envers les souverains ou chefs des gouvernements étrangers, il faut entendre l'offense personnelle, mais non pas la critique et encore moins la discussion de leurs actes.

La poursuite ne peut avoir lieu que sur la plainte ou à la requête du souverain ou du chef du gouvernement qui se croira offensé.

DÉLITS DIVERS.

68. « Sont punis d'un emprisonnement de un mois à trois ans et d'une amende de 100 francs à 4,000 fr· toutes attaques contre la liberté des cultes, le principe de la propriété et les droits de la famille. »

Les lois de circonstance sont toujours dangereuses et funestes. En effet, dictées par l'esprit de parti (c'est-à-dire toujours par l'ignorance ou la haine), ces lois ne sont pas seulement destinées à périr du vice de leur propre origine, mais encore elles entraînent souvent avec elles ce qu'elles ont voulu protéger. Les dispositions qui précèdent ont malheureusement ce triste cachet, et nul ne peut se méprendre sur l'intention et la portée de la loi. Mais sans vouloir entrer plus avant dans des considérations en dehors de notre cadre, disons qu'il a été formellement exprimé que l'on n'entendait en aucune façon porter atteinte au droit de discussion philosophique, inséparable de ces thèses immenses, *religion*, — *famille*, — *propriété*.

Est-ce qu'en effet la signification de ces trois mots n'a pas varié selon les temps et selon les pays? Est-ce que la religion aujourd'hui est ce qu'elle était au temps de Platon et d'Aristote? Est-ce que la famille est ce qu'elle était en France au quinzième et au seizième siècle? Est-ce que la propriété est, sous le régime de l'égalité des partages, ce qu'elle était sous le régime des substitutions?

Enfin, n'est il pas évident que ce qui a déjà subi les transformations que nous connaissons ne soit encore destiné à se plier aux nouvelles tendances des sociétés? Comment dès lors interdire la discussion et l'examen de pareils sujets?

69. « L'outrage fait publiquement, d'une manière quelconque, à raison de leurs fonctions ou de leur qualité, soit à un ou plusieurs membres de l'Assemblée, soit à un ministre de l'un des cultes qui reçoivent un salaire de l'Etat, est puni d'un emprisonnement de quinze jours à deux ans ans et d'une amende de 100 francs à 4,000 francs. »

« Le même délit envers un juré à raison de ses fonctions, ou envers un témoin à raison de sa déposition, est puni de dix jours à un an de prison et de 50 francs à 3,000 francs d'amende. »

« L'outrage à un ministre des cultes, comme il est dit ci-dessus, dans l'exercice même de ses fonctions, est puni d'un emprisonnement de trois mois à cinq ans et d'une amende de 300 francs à 6,000 francs.

« Si l'outrage, dans les différents cas prévus au présent article, a été accompagné de coups sans qu'il en soit résulté de blessures, la peine sera de deux à cinq ans de prison, d'une amende de 100 francs à 4,000 francs, sans préjudice des peines portées en l'article 229 du Code pénal.

« Si l outrage est accompagné des excès prévus par le deuxième paragraphe de l'article 228 et par les articles 231, 232 et 233 du Code pénal, le coupable est puni conformément auxdits articles. »

Il suffit, pour qu'il y ait lieu à l'application des peines dont nous venons de faire l'énumération, que l'outrage ait été commis d'une *manière quelconque*, soit par gestes, par paroles ou par écrit. Néanmoins la publicité est un élément essentiel du délit.

Quant à l'*outrage*, proprement dit, ce n'est ni la diffamation, ni l'injure ; c'est une incrimination plus large et qui peut comprendre l'une et l'autre. On peut le définir une attaque grossière, inconvenante, et de nature à mortifier celui auquel elle est adressée.

70. Sont punis d'un emprisonnement de quinze jours à deux ans et d'une amende de 100 francs à 4,000 francs :

1° L'enlèvement ou la dégradation des signes publics de l'autorité du gouvernement républicain, opérés en haine ou mépris de cette autorité ;

2° Le port public de tous signes extérieurs de ralliement non autorisés par la loi ou par des règlements de police ;

3° L'exposition dans les lieux ou réunions publics, la distribution ou la mise en vente de tous signes ou symboles *propres* à propager l'esprit de rébellion ou à troubler la paix publique.

Le dernier paragraphe du décret du 11 août 1848 est beaucoup moins libéral que la loi même de 1822 ! En effet, d'après la loi de 1822, il fallait que les symboles fussent *destinés* à propager l'esprit de rébellion, etc.; et d'après notre article, il suffit qu'ils soient *propres* à...., c'est-à-dire qu'ils soient de nature à produire les effets mentionnés dans la loi, ce qui équivaut à incriminer le hasard.

« Est puni de la même peine quiconque a cherché à troubler la paix publique en excitant au mépris ou à la haine des citoyens les uns contre les autres. »

Cette inculpation est aussi vague que l'excitation à la haine et au mépris du gouvernement.

71. « Sont punis d'un emprisonnement de six jours à deux ans et d'une amende de 16 francs à 4,000 francs tous cris séditieux publiquement proférés. »

Qu'est-ce qui constitue le cri séditieux? Rien encore de défini ! Délit vague comme celui qui précède ; il est soumis à l'appréciation des jurés et, dès lors, à un arbitraire d'autant plus large et plus absolu, que le décret du 11 août 1848 a rangé, au nombre des délits, des actes auxquels la loi de 1819 n'avait donné qu'un simple caractère de présomption légale.

72. « Toute attaque contre le respect dû aux lois et à l'inviolabilité des droits qu'elles ont consacrées, toute apologie de faits qualifiés crimes ou délits par la loi pénale, est punie d'un emprisonnement d'un mois à deux ans et d'une amende de 16 francs à 1,000 fr. »

73. « Est punie d'un emprisonnement de un mois à un an, et d'une amende de 50 francs à 1,000 francs, la publication ou reproduction faite de mauvaise foi de nouvelles fausses, de pièces fabriquées, falsifiées ou mensongèrement attribuées à des tiers, lorsque ces pièces ou nouvelles seront de nature à troubler la paix publique. »

Toujours du vague ! rien de défini ! c'est un reproche qui se reproduit constamment sous notre plume. Comment en serait-il autrement ? Vague et arbitraire sont synonimes dans les lois politiques. Tels ou tels actes sont aujourd'hui des crimes ou des délits qui demain ne le seront plus. Ne cessons donc pas de répéter, avec tous les esprits droits et consciencieux, qu'il ne saurait y avoir de *délit* de presse s'il n'est prouvé que l'auteur en écrivant a été animé par des intentions coupables, ce principe du droit criminel, s'appliquant à tous les délits sans exception. Ainsi il faudra, en matière d'offense, que l'auteur ait *vu* et *voulu* l'offense ; s'il s'agit de fausses nouvelles de nature à troubler la paix publique, la loi exigeant cette dernière condition, il doit avoir *vu* et *voulu*, non seulement la fausseté de la nouvelle, mais encore le trouble possible à la paix publique.

L'existence matérielle du délit est une preuve insuffisante. Il faut que ce délit ait été aperçu et accepté par l'auteur.

Et s'il y a doute sur la réalité de l'intention criminelle, — s'il y a eu ignorance, — s'il y a eu imprudence ou négligence, il doit être acquitté, car il n'a pas consenti au mal.

L'imprudence et la négligence sont des fautes qui

constituent une culpabilité particulière; ce ne sont pas des délits.

Enfin, il ne faut pas oublier que c'est au ministère public qu'incombe l'obligation de prouver contre le prévenu que la pensée de ce dernier a été condamnable.

DE LA DIFFAMATION ET DE L'INJURE PUBLIQUE.

74. « Toute *allégation* ou *imputation* d'un fait qui porte atteinte à l'*honneur* et à la *considération* de la personne ou du corps auquel le fait est imputé, est une diffammation.

« Toute expression outrageante, terme de mépris ou invective, qui ne renferme l'imputation d'aucun fait, est une injure. »

Tels sont les termes de l'article 13 de la loi de 1819, qui a pris soin de définir ce qu'elle entendait par diffamation et injure publique.

Mais il n'en est pas de même des expressions *allégation*, *imputation*, *honneur et considération*, lesquelles ne sont point synonymes, comme l'a fait remarquer M. Courvoisier. *Imputer*, *c'est affirmer ; alléguer*, *c'est annoncer sur la foi d'autrui.* Tout ce qui touche à la réputation, à la probité, touche à l'*honneur*, et l'on peut sans blesser l'*honneur* porter atteinte à la *réputation*. Dire, notamment, qu'un négociant a éprouvé des pertes, qu'il gère avec inhabileté son négoce, annoncer faussement tel ou tel fait à l'appui de l'imputation, c'est laisser son *honneur intact*, c'est nuire pourtant à la *considération* dont il jouit.

Les mêmes idées ont été reproduites par M. de Serre. Le sens du mot *considération*, — auquel le mot *honneur* ne répond pas du tout, — c'est particulièrement la *considération professionnelle*, l'estime qu'un citoyen peut avoir acquise dans l'état qu'il exerce ; estime qui fait une partie de sa fortune, qui est pour lui une propriété, un capital précieux que la diffamation peut évidemment atteindre sans nuire à son honneur. Car on peut être homme d'honneur, n'être pas diffamé comme tel, et l'être, par exemple, dans les autres qualités morales qui font un bon négociant, un bon médecin, etc., etc. En un mot, un homme a mérité par ses actions, par sa vie tout entière, une portion d'estime, il a acquis une mesure de considération morale parmi ses concitoyens ; eh bien ! voilà le patrimoine que la loi a voulu protéger et défendre par l'article en question.

Posons quelques exemples résultant de l'application de ces principes. — Il a été jugé :

1° Que l'imputation d'adultère, publiquement dirigée contre un homme marié, constitue le délit de diffamation, alors même que la femme désignée comme complice ne serait engagée dans aucun lien, et que l'adultère prétendu n'ayant pas eu lieu dans la maison du mari, ne pourrait donner lieu à aucune action ou poursuite contre lui ;

2° Qu'un témoin qui, dans une déposition, a formulé une imputation grave et de nature à diminuer la foi due à un autre témoin, est réputé n'avoir fait que déposer sur les faits de la cause ; que, dès lors, il n'y a pas lieu à le poursuivre pour diffamation, sauf l'action en faux témoignage, si la déposition est mensongère ;

3° Qu'il n'y a point diffamation dans le fait de celui qui dit publiquement d'un juge qu'il ne remplit pas ses devoirs, qu'il n'a aucun ménagement à garder envers un homme tel que lui. — Il n'y a là que le délit d'injure.

En matière de diffamation, l'intention de nuire est généralement une présomption légale à la charge de l'auteur de l'imputation ; néanmoins, faut-il voir le délit de diffamation ou d'injure dans toute allégation ou imputation, abstraction faite des circonstances de la cause, de la bonne foi des parties, comme aussi de leurs positions et habitudes respectives ?

Le rigorisme d'une interprétation affirmative conduirait jusqu'à l'absurde.

Et d'abord, ni la loi de 1819 ni aucune autre n'a dérogé aux principes généraux du droit, suivant lesquels, à moins d'une disposition expresse, il ne peut exister de délit qu'autant que le fait matériel qui le constitue a été commis avec l'intention de nuire. Aussi la Cour de cassation a-t-elle décidé, le 12 août 1842, que, dans le cas de diffamation envers un particulier, quoique la vérité du fait diffamatoire ne puisse jamais excuser le délit, et que par conséquent le prévenu ne soit pas recevable à offrir la preuve de ce fait comme moyen de justification, néanmoins si les circonstances de la publication établissent que celle-ci a eu lieu sans intention coupable, les juges du fond peuvent déclarer que le délit n'existe pas.

Enfin une distinction a été admise en ce qui concerne la polémique de la presse, distinction ou exception, comme on voudra l'appeler, qui, selon nous, doit s'appliquer à quiconque se jette dans l'arène du journalisme.

Voici à cet égard ce qu'a décidé le Tribunal de la Seine pour repousser une plainte en diffamation portée par le gérant d'un journal contre d'autres gérants :

« Attendu que les lois sur la diffamation ont eu principalement en vue de protéger les citoyens dans leur vie privée ;

« Attendu que si le bénéfice de ces lois doit profiter à tous, cependant les principes sur lesquels elles reposent et les règles qu'elles formulent doivent être appliqués moins rigoureusement lorsque le débat s'agite entre les écrivains de la presse quotidienne ;

« Qu'en effet, des habitudes qu'on ne peut méconnaître, tout en protestant contre les abus qu'elles entraînent, ont admis, dans cette polémique qui s'engage chaque jour entre les divers organes de la presse, une liberté d'allégations et une vivacité d'expressions qui touchent parfois à la licence, et qui, par leurs excès mêmes, *perdent aux yeux des lecteurs une partie de la valeur qu'elles semblent avoir ;*

« Attendu que le danger de ces allégations est d'ailleurs moins grand pour celui qui, en raison de sa profession, est tenu constamment au courant de ce qui s'écrit dans les journaux, et *disposant lui-même de ce moyen de publier sa pensée, peut se défendre immédiatement à armes égales ;*

« Attendu que ces considérations reçoivent mieux encore leur application, lorsqu'il s'agit d'un journal contre un autre journal, et qu'il faut examiner dans ce cas si les allégations et les expressions qui font l'objet de la plainte ont réellement pour but d'atteindre dans sa considération l'entreprise commerciale du journal ou le gérant qui la représente, ou si elles ne sont pas un simple moyen d'attaque contre les principes soutenus par ce journal ;

« Attendu que l'article inséré dans l'*Intérêt public*, du 23 octobre, sous le titre de *Lettre parisienne*, contient en résumé cette allégation que le *Constitutionnel* recevrait une subvention de 10,000 francs par mois ;

« Attendu que ce fait en lui-même, et dénué de tout commentaire, ne présente rien d'injurieux ; qu'en effet, le gérant d'un journal, ou l'entreprise industrielle qu'il représente, ne saurait être déconsidéré parce que des sacrifices d'argent seraient faits dans l'intérêt du journal par des personnes qui partagent ses idées et qui se vouent au triomphe des principes qu'il défend..... »

76. La diffamation et l'injure ne sont punissables des peines correctionnelles que lorsqu'elles réunissent aux caractères dont nous venons de parler, la circonstance qu'elles ont été commises publiquement ; à défaut de publicité, l'injure n'est punissable que des peines de simple police. Aussi, est sujet à cassation le jugement qui n'a pas préalablement déclaré constante la publicité.

La diffamation et l'injure sont punies d'après les distinctions suivantes :

La diffamation ou l'injure envers les cours, tribunaux ou corps constitués, autorités ou administrations publiques, sont punies d'un emprisonnement de quinze jours à deux ans et d'une amende de 150 francs à 5,000 francs.

La poursuite ne peut avoir lieu qu'après une délibération de ces corps, prise en assemblée générale, qui tient lieu de plainte.

Dans le cas des mêmes délits contre tout dépositaire ou agent de l'autorité publique, contre tous agents diplomatiques étrangers accrédités, ou contre tout particulier, la poursuite n'a également lieu que sur la plainte de la partie qui se prétend lésée.

On a élevé la question de savoir si la garde nationale formait un corps constitué, et la négative a été jugée par arrêt de cassation du 29 avril 1831, qui a déclaré qu'elle formait seulement une classe de citoyens dans le sens de l'article 10 de la loi de mars 1822, et que dès lors la poursuite pouvait avoir lieu d'office.

Mais le décret d'août 1848, modificatif de la loi de 1822, ayant supprimé, au point de vue légal, les catégories de citoyens, il en résulte qu'un délit de la nature de celui dont il s'agit ne peut plus constituer que le délit d'excitation à la haine ou au mépris des citoyens les uns contre les autres, et que par conséquent la poursuite en doit avoir lieu d'office.

77. La diffamation envers tout dépositaire ou agent de l'autorité publique, pour des faits relatifs à ses fonctions, est punie cumulativement ou séparément, selon les circonstances (laissées à l'appréciation des juges), d'un emprisonnement de huit jours à dix-huit mois et d'une amende de 50 francs à 3,000 francs.

L'injure contre les mêmes personnes est punie d'un emprisonnement de cinq jours à un an et d'une amende de 25 francs à 2,000 francs, ou de l'une de ces deux peines seulement, selon les circonstances.

Ici, deux observations importantes : —Les dispositions qui précèdent s'appliquent seulement aux cas de diffamation, outrage ou injure pour *des faits relatifs aux fonctions des dépositaires* de l'autorité publique, et non aux mêmes délits contre ces fonctionnaires *dans l'exercice* de leurs fonctions. Ce dernier cas est resté soumis aux dispositions des articles 222 et suivants du Code pénal.

Deuxièmement, en matière de diffamation envers des agents de l'autorité publique pour *des faits relatifs à leurs fonctions ;* cette dernière circonstance est *constitutive.* Dès lors, si elle n'a pas été comprise dans la question posée au jury, sa déclaration affirmative ne peut servir de base à l'application de la peine édictée par ledit article.

78. La diffamation envers les ambassadeurs, ministres plénipotentiaires, envoyés chargés d'affaires ou autres agents diplomatiques accrédités, est punie d'un emprisonnement de huit jours à dix-huit mois et d'une amende de 50 francs à 3,000 francs, ou de l'une de ces deux peines seulement, selon les circonstances. — L'injure, envers les mêmes personnes, est punie d'un emprisonnement de un jour à un an et d'une amende de 25 francs à 2,000 francs, ou de l'une de ces deux peines seulement, selon les circonstances.

79. La diffamation envers les particuliers est punie d'un emprisonnement de cinq jours à un an et d'une amende de 25 francs à 2,000 francs, ou de l'une de ces deux peines seulement, selon les circonstances. — L'injure, dans le même cas, est punie d'une amende de 16 francs à 500 francs.

Néanmoins, l'injure écrite ou verbale, qui ne renfermerait pas l'imputation d'un vice déterminé, ou qui ne serait pas publique, n'est punie que des peines de simple police.

Enfin des expressions qui, prises en elles-mêmes et isolément, pourraient être considérées comme un outrage ou une injure, perdent ce caractère lorsqu'en les rapprochant de l'ensemble de l'écrit, on reconnaît qu'elles ont été employées, non pour attaquer ou nuire, mais pour se défendre et se justifier d'imputations odieuses.

80. Les délits de diffamation *verbale* ou d'injure *verbale contre toute personne,* et ceux de diffamation ou d'injure par *voie de publication* quelconque contre *des particuliers,* ont été exceptionnellement attribués à la juridiction des tribunaux de police correctionnelle par la loi de 1819, sauf les cas de simple injure mentionnés au numéro précédent qui sont attribués aux tribunaux de simple police.

81. L'infidélité et la mauvaise foi dans le compte que rendent les journaux et écrits périodiques des séances de l'Assemblée et des audiences des cours et tribunaux, sont punis d'une amende de 1,000 fr. à 6,000 fr.

En cas de récidive, ou lorsque le compte-rendu est offensant pour l'Assemblée ou l'un de ses membres, ou injurieux pour la cour ou le tribunal, ou l'un des magistrats, des jurés ou des témoins, les éditeurs du journal sont en outre condamnés à un emprisonnement d'un mois à trois ans.

Dans le même cas, il peut être interdit pour un temps limité ou pour toujours, aux propriétaires et éditeurs du journal ou écrit périodique condamné, de rendre compte des débats législatifs ou judiciaires.

La violation de cette défense est punie de peines doubles de celles mentionnées au présent article.

L'Assemblée applique elle-même, conformément à ce qui précède, les dispositions relatives au compte-rendu de ses séances.

Les dispositions relatives au compte-rendu des audiences des cours et tribunaux sont aussi appliquées directement par les cours et tribunaux. L'interdiction ne s'étend qu'aux débats devant la juridiction par qui elle a été prononcée, en sorte que le journal ne continue pas moins d'avoir le droit de reproduire le compte-rendu des audiences de tous autres tribunaux. C'est là un délit local.

On ne peut, du reste, étendre une accusation de cette nature, en dehors des faits accomplis dans l'enceinte du prétoire. C'est ce qui a fait décider que les juges appelés à statuer peuvent se déterminer par leur seule conviction et repousser, lorsque leurs souvenirs sont suffisants, la preuve testimoniale offerte par les parties; mais ils doivent énoncer et constater les éléments de leur conviction, soit pour l'édification des juges supérieurs, touchant l'application de la peine, soit pour que des juges de renvoi puissent se livrer à l'examen des faits. La conséquence de cette jurisprudence, c'est que les jugements de cette nature, sont susceptibles d'être attaqués par toutes les voies légales, c'est-à-dire par opposition, appel ou recours en cassation. Les comptes-rendus infidèles sont, d'ailleurs, de véritables délits, et c'est, selon nous, contrairement à l'art. 83 de la Constitution que la Haute-Cour de Versailles s'est attribué la connaissance d'une infraction de cette espèce, car c'était un délit commis par la voie de la presse, et qui, en conséquence, était exclusivement justiciable de la Cour d'assises.

82. Les propriétaires d'un journal frappé d'interdiction de rendre compte des débats judiciaires peuvent, comme ceux d'un journal suspendu, en établir un nouveau, et lorsqu'ils ont fait une société différente de l'ancienne sous divers rapports, versé un nouveau cautionnement et pris de nouveaux gérants responsables, ces changements constituent un journal nouveau exempt de l'interdiction dont s'agit, quoique le titre ne difffère que par la simple addition d'un millésime. L'identité des deux journaux n'est pas alors une simple question de fait exclusivement réservée aux juges du fond, et à l'abri de tout examen de la part de la Cour de cassation (ainsi jugé le 4 avril 1834 par la C. de cassation : affaire du *National* de 1834).

83. Ne donnent lieu à aucune action en diffamation ou injure : 1° les discours prononcés à la tribune de l'Assemblée nationale, ainsi que les rapports ou autres pièces imprimées par son ordre ; 2° le compte fidèle des séances publiques, rendu de bonne foi dans les journaux ; 3° les discours prononcés ou les écrits produits devant les tribunaux. Néanmoins, les juges saisis de la cause peuvent, en statuant sur le fonds, prononcer la suppression des écrits injurieux ou diffamatoires, et condamner qui il appartiendra à des dommages-intérêts.

Toutefois, les faits diffamatoires étrangers à la cause peuvent donner ouverture soit à l'action publique, si elle a été réservée, soit à l'action civile des parties, lorsqu'elle leur a été également réservée, et dans tous les cas, à l'action civile des tiers.

Les juges peuvent aussi, dans les mêmes cas, faire des injonctions aux avocats et officiers ministériels, ou même les suspendre de leurs fonctions pendant un temps qui ne peut excéder six mois, et qui peut être, en cas de récidive, d'un an au moins et de cinq ans au plus.

Les articles publiés dans les journaux par un prévenu à l'occasion de sa défense, ne peuvent être considérés comme écrits produits devant les tribunaux, et dès lors ne jouissent pas des mêmes prérogatives.

84. En cas de récidive des crimes et délits ci-dessus analysés, il peut y avoir lieu à l'aggravation des peines prononcées par les articles 56, 57 et 58 du Code pénal. Le juge, à cet égard, a un pouvoir discrétionnaire.

Lorsque les faits imputés sont punissables, et qu'il y a des poursuites commencées à la requête du ministère public, ou si l'auteur de l'imputation a dénoncé ces faits, il est, durant l'instruction, sursis à la poursuite et au jugement du délit de diffamation.

Hors de ce cas, à l'égard d'une personne qui n'est point agent de l'autorité, nul n'est admis à prouver la vérité des faits diffamatoires. Le plaignant lui-même n'a pas le droit d'en établir la fausseté : il peut seulement faire entendre des témoins qui attesteront sa moralité. Dans ce cas, les noms, profession et demeure de ces témoins seront notifiés au prévenu ou à son domicile, un jour au moins avant l'audience.

Le prévenu n'est point admis à faire entendre de témoins contre la moralité du plaignant.

85. Ce principe reçoit exception lorsqu'il s'agit d'imputations contre les dépositaires ou agents de l'autorité, ou contre toutes personnes ayant agi dans un caractère public, et pour des faits relatifs à leurs fonctions.

Dans ce cas, les faits peuvent être prouvés devant la Cour d'assises par toutes les voies ordinaires, sauf la preuve contraire par les mêmes voies ; et voici comment il faut alors procéder :

Le plaignant est tenu, immédiatement après l'arrêt de renvoi, d'élire domicile près la Cour d'assises, et de notifier cette élection au prévenu et au ministère public, à défaut de quoi toutes significations seront faites valablement au plaignant au greffe de la Cour.

Lorsque le prévenu est en état d'arrestation, toutes notifications, pour être valables, doivent lui être faites à personne.

Le prévenu qui veut être admis à prouver la vérité des faits doit, dans les huit jours qui suivent la notification de l'arrêt de renvoi devant la Cour d'assises, ou de l'opposition à l'arrêt par défaut rendu contre lui, faire signifier au plaignant :

1° Les faits articulés et qualifiés dans cet arrêt, dont il entend prouver la vérité ;

2° La copie des pièces ;

3° Les noms, professions et demeures des témoins par lesquels il entend faire sa preuve.

Cette signification contiendra élection de domicile près la Cour d'assises ; le tout à peine de déchéance.

Dans les huit jours suivants, le plaignant doit faire signifier au prévenu, au domicile par lui élu, la copie des pièces, et les noms, professions et demeures des témoins par lesquels il entend faire la preuve contraire, le tout également à peine de déchéance

86. La preuve des faits imputés met l'auteur de la prétendue diffamation à l'abri de toute condamnation, sans préjudice, toutefois, des peines prononcées à raison des injures qui pourraient exister dans l'article incriminé, et qui ne seraient pas nécessairement dépendantes des mêmes faits.

Cette distinction se conçoit parfaitement, car on ne saurait admettre que la vie publique et la vie privée du fonctionnaire ou agent de l'autorité se confondent à tel point que l'une puisse, aussi bien que l'autre, tomber dans le domaine de la discussion ; dès lors, celui qui se prétend diffamé tout à la fois dans sa vie publique pour des faits relatifs à ses fonctions, et dans sa vie privée pour des faits qui y sont étrangers, et qui est atteint par deux imputations parfaitement distinctes, peut diviser son action et en saisir séparément les juridictions compétentes. Mais cette division facultative ne saurait être admise lorsqu'il y a connexité dans les faits et indivisibilité dans les imputations.

De même, un fonctionnaire public qui, dans sa plainte, ne distingue pas entre les attaques contre sa vie privée et les attaques contre sa vie publique, ne peut être admis à restreindre sa plainte aux faits relatifs à la première, lorsque, déjà, l'auteur de l'article incriminé a été renvoyé devant la chambre des mises en accusation pour avoir attaqué le fonctionnaire dans sa vie publique.

La qualification des faits par rapport au caractère public ou privé de la personne attaquée est donc d'une haute importance, puisque de là dépendent l'admissibilité de la preuve et la compétence.

Citons comme exemple le fait suivant :

L'imputation dirigée contre un préfet d'avoir, dans une partie de chasse, invoqué hautement son titre et sa qualité de préfet pour résister aux injonctions des gardes forestiers, les repousser avec violence, et donner le signal de la chasse dans une forêt de l'Etat où elle n'était pas permise, constitue une attaque contre un fonctionnaire public pour des faits relatifs à ses fonctions, et, en conséquence, c'est au jury seul qu'il appartient de se prononcer sur la culpabilité d'une pareille imputation.

Cette décision a été rendue à l'occasion d'un pourvoi formé par le gérant du journal, le *Républicain de la Côte-d'Or*, contre un arrêt de la cour de Dijon. Cette cour, nonobstant le défaut de distinction dont nous avons parlé plus haut, avait jugé que les faits de chasse imputés à M. Pagès, préfet de la Côte-d'Or, partie plaignante dans l'espèce, se rapportaient uniquement à sa vie privée ; ce qui constituait, comme on vient de le voir, une appréciation erronée des faits.

Mais la Cour de cassation a décidé que l'imputation faite à un officier d'ordonnance du président de la République, M. Edgard Ney, d'avoir porté l'ordre d'abattre les arbres de la liberté, parmi lesquels se trouvait le peuplier planté dans le lieu où son père fut exécuté, ne constituait point le délit de diffamation envers un agent de l'autorité publique dans l'exercice de ses fonctions, et qu'en conséquence, ce fait était justiciable de la police correctionnelle. Ces deux décisions ne sont-elles pas contradictoires?

87. Les fonctions publiques sont exercées sous la surveillance et le contrôle des citoyens. Chacun d'eux a donc le droit et le devoir de faire connaître à tous, par la voie de la presse, ou par tout autre mode de publication, les actes blâmables des fonctionnaires ou des personnes revêtues d'un caractère public, sauf à répondre de la vérité des faits imputés. Tels ont été les motifs et l'origine de la preuve testimoniale en matière de diffamation contre les fonctionnaires publics.

L'efficacité de cette garantie a été reconnue plus d'une fois sous la monarchie. Aussi, certains personnages, gênés par ce contrôle public, avaient-ils réussi à éluder la loi. Au lieu deformer une plainte en diffamation, ils avaient imaginé de porter devant le tribunal civil des demandes en dommages-intérêts, et ces prétentions avaient été consacrées par la jurisprudence Bourdeau. Par ce moyen, la preuve des faits était écartée, et d'inévitables condamnations venaient frapper les prévenus, dont la défense était ainsi baillonnée.

Un décret du 22 mars 1848 a mis un terme à cet abus, et a déclaré : 1° que les tribunaux civils étaient incompétents pour connaître des diffamations, injures ou autres attaques dirigées par la voie de la presse ou par tout autre moyen de publication contre les fonctionnaires ou contre tout citoyen revêtu d'un caractère public, à raison de leurs fonctions ou de leur qualité, et qu'ils seraient tenus de renvoyer devant qui de droit toute action en dommages-intérêts fondée sur des faits de cette nature ;

2° Que l'action civile résultant des délits ne pourrait, dans aucun cas, être poursuivie séparément de l'action publique, et qu'elle s'éteindrait de plein droit par le seul fait de l'extinction de celle-ci. La Cour de cassation a fait application de ce principe en annulant deux arrêts de la Cour de Dijon, le 13 juin 1851, sur les pourvois du gérant du journal le *Peuple*.

88. Dans les procès qui ont pour objet la diffamation, si les tribunaux ordonnent que les débats auront lieu à huis-clos, les journaux ne peuvent, à peine de 2,000 francs d'amende, publier les faits de diffamation ni donner l'extrait des mémoires ou écrits quelconques qui les contiennent.

Nous avons déjà dit que dans toutes les affaires civiles ou criminelles où un huis-clos a été ordonné, ils ne peuvent, sous les mêmes peines, publier que le jugement.

De même, lorsque, d'après l'art. 23 de la loi du 17 mai 1819, les tribunaux auront, pour les faits diffamatoires étrangers à la cause, réservé soit l'action publique, soit l'action civile des parties, les journaux ne pourront sous la même peine publier ces faits, ni donner l'extrait des mémoires qui les renferment.

DES PEINES.

89. L'article 10 de la L. du 9 juin 1819 exprime naïvement l'amour des législateurs de cette époque pour la presse périodique. Dès ce moment, en effet, on voit naître cette tendance à exagérer les peines pécuniaires, tendance qui avait atteint son apogée sous la législation si justement flétrie du 9 septembre 1835. La révolution de Février a sans doute amené un adoucissement dans la répression, mais on a regagné par la multiplication des incriminations le terrain que l'on a perdu sous le rapport de l'intensité des peines. Cependant l'article 10 de la loi du 9 juin 1819 qui permet d'élever les amendes au double et en cas de récidive au quadruple, lorsque le délit a été commis dans un écrit périodique, a été, par arrêt de la Cour de cassation du 2 mai 1850, déclaré commun à tous les faits incriminés par les lois postérieures.

La loi de 1828 a confirmé cette disposition, sauf en ce qui touche les amendes prononcées par elle.

Nous n'avions jamais cru pour notre compte qu'on pût étendre à des lois postérieures une aggravation aussi exhorbitante que celle qui est autorisée par l'article 10 de la loi du 9 juin 1819, alors surtout que le législateur, toutes les fois qu'il a voulu s'approprier cette disposition, s'est crû dans la nécessité de la reproduire. De là les articles 13 de la loi de 1822, 14 de la loi de 1828, 12 de la loi de 1835. On ne répète pas des règles quand elles ont un caractère général.

Cet arrêt du 2 mai 1850 renferme une véritable aggravation de l'article 10 de la loi du 9 juin 1819, puisqu'il change la faculté laissée au juge en une obligation étroite, inflexible, conformément à l'article 14 de la loi de 1828. Ainsi, d'après lui, les amendes portées par les lois de 1819 et de 1822, ne pourraient jamais être moindres du double du minimum. Cette disposition, il est vrai, n'est pas applicable aux amendes prononcées en vertu de la loi de 1828 et des lois postérieures. Elles ne l'est pas non plus aux amendes pour la répression des contraventions de la presse : elle est limitée à celles qui ont été encourues pour délits prévus par les lois de 1819 et 1822 : on ne saurait étendre ses effets au-delà. Nous doutons même qu'elle soit observée.

90. Indépendamment des peines simples dont chaque infraction est frappée, nous avons vu le législateur procéder par voie d'aggravation envers la presse périodique. Ainsi, il a d'abord donné aux juges la faculté d'élever l'amende au double du maximum, puis au quadruple en cas de récidive (Art. 10 de la loi du 9 juin 1819) ; ensuite il leur a enjoint de ne jamais prononcer une amende au dessous du double du minimum, quand il s'agirait d'un délit (Art. 14 de la loi de 1828) ; puis il a interdit la confusion des peines pécuniaires (Art. 9 de la loi du 16 juillet 1850) ; en cas de récidive, en outre des peines portées par l'article 68 du Code pénal, il a autorisé le juge à prononcer la suspension du journal (Art. 15 de la loi de 1828) ; enfin il édicte la même peine, en dehors des cas de récidive, et permet la détention préventive du gérant sans qu'il puisse

exiger sa mise en liberté sous caution. (Art. 15 de la loi de 1849). Où s'arrêtera-t-on sur sur cette pente?

91. Voici maintenant quelques dispositions sur lesquelles nous appelons l'attention des écrivains.

1° Les amendes encourues pour délit de publication par la voie d'un journal ou écrit périodique, ne sont jamais *moindres du double du minimum*, et elles peuvent être portées au *double du maximum*, fixé par les diverses dispositions qui précèdent (Art. 14 L. du 18 juillet 1828 et 10 de la Loi du 9 juin 1819). Mais ceci n'est pas applicable aux délits prévus par les lois postérieures à 1828.

2° *En cas de récidive*, ces amendes peuvent être portées au quadruple sans préjudice des peines de la récidive prononcées par le code pénal. Indépendamment de cette aggravation des peines fiscales, les Cours d'assises peuvent prononcer la suspension du journal pour un temps qui ne pourra excéder deux mois ni être moindre de dix jours, toutes les fois qu'une deuxième ou ultérieure condamnation, pour crime ou délit, sera encourue dans la même année par le même gérant ou par le même journal. Et pour mieux assurer l'exécution de cette dernière peine, le législateur interdit le retrait du cautionnement jusqu'à l'expiration du temps fixé par l'arrêt de condamnation.

Mais il faut, pour que le cas de récidive se présente, qu'il y ait eu condamnation à une peine corporelle de plus d'une année. Dès lors, la récidive ne résulte pas de deux délits commis successivement par le même gérant dans deux journaux différents ; à plus forte raison un gérant condamné pour un délit commun, ne serait pas réputé en état de récidive, lorsqu'il se rendrait ensuite coupable d'un délit de presse.

3° La suspension peut être prononcée même par un premier arrêt de condamnation, lorsque cette condamnation est encourue pour provocation à l'un des crimes prévus par les articles 87 et 91 du Code pénal (crime contre la sûreté intérieure de l'Etat, et excitation à la guerre civile). Dans ce cas, le prévenu n'a plus le droit de demander sa mise en liberté provisoire sous caution.

4° Par exception à ce qui précède, lorsqu'en matière de délit, le jury a déclaré l'existence de circonstances atténuantes, la peine ne peut jamais s'élever au *dessus de la moitié du maximum,* déterminé par la loi (Art. 23, L. du 27 juillet 1849).

Ici s'élève une difficulté. Cette moitié de maximum pourra-t-elle être doublée ou quadruplée par application de l'article 10 de la loi du 9 juin 1819? Ou bien au contraire, cet article 10 n'a-t-il pas été modifié par l'article 23 de la loi du 17 juillet 1849 et n'est-il pas inapplicable lorsque le jury admet des circonstances atténuantes?

Posons un exemple : le maximum d'une amende est 6,000 francs. En cas de circonstances atténuantes, la moitié du maximun est 3,000 francs. Eh bien, nonobstant l'article 23 de la loi du 27 juillet, la Cour d'assise pourra-t-elle appliquer 5,000 fr. ou tout autre chiffre excédant 3,000 fr., en vertu de l'art. 10 de la loi du 9 juin 1819? cela ne nous paraît pas possible. Un pareil système ne serait rien moins que le renversement des notions les plus élémentaires de la logique et du bon sens. En effet, le maximum est une quantité fixe et déterminée qui ne peut varier par suite de la disposition facultative qui permet au juge d'appliquer le double et même le quadruple du maximum.

D'ailleurs, la loi parle du maximum et non du double du maximum. Or, aussi longtemps que la partie ne sera pas égale en tout, on ne pourra confondre le maximum et le double du maximum.

5° Les peines *pécuniaires* prononcées pour crimes et délits par les lois sur la presse et autres moyens de publication, ne se confondent pas entr'elles et sont toutes intégralement subies, lorsque les faits qui y donneront lieu seront postérieurs à la première poursuite.

Cet article ne déroge aux prohibitions de l'article 365 du Code d'instruction criminelle qu'en ce que le non-cumul des peines n'existe plus à partir de la *première poursuite* et non à partir de la première condamnation.

En conséquence il est défendu aux juges de cumuler les peines c'est à dire d'appliquer à celui qui est condamné pour plusieurs délits différents, soit les diverses peines infligées par la loi à ces divers délits, soit une peine plus grave que celle qu'entraîne celui d'entr'eux que la loi punit le plus sévèrement.

Ainsi : 1° En cas de conviction de plusieurs crimes ou délits compris dans la même poursuite, la peine la plus forte peut seule être prononcée.

2° En cas de poursuite à raison d'un autre crime ou délit *antérieur* à une première condamnation, il peut être prononcé une peine plus grave que la première par sa nature et sa durée, mais le second jugement doit alors recevoir seul son exécution. Il y a confusion de plein droit.

3° En cas de crimes ou délits successifs poursuivis et jugés séparément dans l'ordre de leurs perpétrations, les juges peuvent ordonner la confusion des peines corporelles, jamais celles des peines pécuniaires.

4° A l'égard des contraventions les peines doivent être cumulées : l'article 365 du C. d'I. C. ne leur est pas applicable. (Cour de cassation, 17 mai 1851.)

91 *bis*. Enfin un journal peut être poursuivi et condamné pour insertion d'un article emprunté à un autre journal, bien que ce dernier n'ait lui-même été l'objet d'aucunes poursuites. C'est là, sans contredit, une des dispositions qui choquent le plus la raison et le bon sens.

LIVRE III.

—

DE LA POURSUITE ET DE L'EXÉCUTION DES JUGEMENTS ET CONDAMNATIONS.

DE LA POURSUITE.

92. La poursuite se divise en deux phases principales, qui, chacune, ont leur importance particulière, savoir : l'instruction et le jugement.

A chaque phase correspondent des actes, des significations, des délais auxquels les écrivains ne font généralement aucune attention, bien qu'ils soient singulièrement intéressés à ne rien négliger et à ne rien concéder. Comment, en effet, agissent la plupart d'entre eux ! — Une signification leur est faite, ils n'en prennent pas même lecture, et elle va rejoindre les papiers inutiles. — Ce n'est qu'au moment où l'assignation pour l'audience arrive, qu'alors on s'occupe de s'adresser à un avocat, auquel on ne peut remettre aucune pièce. Cependant, dans les actes qu'on a imprudemment égarés, des nullités ou des déchéances susceptibles d'éteindre l'action publique pouvaient exister.

Aussi, en abordant cette partie de notre travail, devons-nous recommander à tous les écrivains, non-seulement de conserver soigneusement toutes les significations qui leur sont faites, mais encore, au premier acte de poursuite, de faire choix d'un défenseur, auquel ils devront remettre immédiatement toutes leurs pièces.

La poursuite des crimes et délits commis par la voie de la presse ou par tout autre moyen de publication, a lieu généralement d'office et à la requête du ministère public. Les exceptions à cette règle ont été signalées dans le livre précédent.

Les poursuites à la requête du ministère public ne peuvent être faites que devant les juges du lieu dans lequel a été opéré le dépôt prescrit par la loi, ou devant le juge de la résidence du prévenu.

En cas de contravention aux dispositions concernant le dépôt, les poursuites peuvent être faites, soit devant le juge de la résidence du prévenu, soit dans les lieux où les écrits et autres instruments de publication ont été saisis.

Dans tous les cas, la poursuite à la requête de la *partie civile* ou *plaignante* pourra être portée devant les juges de son domicile, *lorsque la publication y aura été effectuée*, soit par l'auteur de l'écrit, soit par toute autre personne, même à l'insu de l'auteur.

93. La loi du 26 mai 1819 avait édicté un système particulier d'instruction contre les délits de la presse. Mais bientôt cette procédure a été jugée insuffisante et inefficace. Dès lors, et toutes les fois que les circonstances politiques leur sont venues en aide, les différents législateurs qui se sont succédés depuis 1819 semblent avoir pris à tâche de restreindre les garanties de la défense.

Aujourd'hui, grâce à ces lois successives, se modifiant toutes et ne s'abrogeant pas, quatre voies d'instruction sont ouvertes au ministère public. 1° l'instruction ordinaire, réglée par le Code d'instruction criminelle ; 2° la saisie préalable, avec l'instruction prescrite par la loi du 26 mai 1819 ; 3° la saisie préalable, suivie de la citation directe ; 4° enfin la citation directe sans saisie préalable.

Chacun de ces modes ayant des formes particulières,

nous en diviserons l'examen en autant de paragraphes distincts.

§ 1er. — DE L'INSTRUCTION SUIVANT LES RÈGLES DU DROIT COMMUN.

94. La partie publique, dans son réquisitoire, si elle poursuit d'office, ou le plaignant dans sa plainte, sont tenus d'articuler et de qualifier les provocations, attaques, offenses, outrages, faits diffamatoires ou injures, à raison desquels la poursuite est intentée, et *ce à peine de nullité.*

La plainte en diffamation surtout doit articuler et préciser distinctement chaque fait incriminé, *à peine de nullité.* Toutefois, il a été jugé que le ministère public articule et qualifie suffisamment les provocations, attaques et outrages en citant les articles de la loi et les pages de l'ouvrage où se trouvent les passages incriminés.

Sur ce réquisitoire, un juge est commis pour procéder à l'instruction.

Cette instruction terminée, il fait son rapport à la chambre du conseil, laquelle statue.

Si les juges sont unanimement d'avis que le fait ne présente ni crime, ni délit, ni contravention, ou qu'il n'existe aucune charge contre l'inculpé, on dit qu'il *n'y a lieu à suivre ;* et si l'inculpé est en état d'arrestation, il est mis en liberté.

Si le ministère public veut former opposition à cette ordonnance, il doit le déclarer dans les vingt-quatre heures qui courent contre lui du moment où elle a été rendue, et contre la partie civile, s'il y en a, du jour de la signification de ladite ordonnance au domicile par elle élu dans le lieu où siége le tribunal.

Ce délai passé, sans opposition, l'ordonnance est définitive.

Les articles 91 et 93 du Code d'instruction criminelle prescrivent au juge d'instruction d'interroger le prévenu avant de faire son rapport. Malgré le défaut de précision des termes employés à la rédaction de ces articles, l'interrogatoire n'en est pas moins considéré comme une formalité substantielle. Cela a été jugé en 1849 par la cassation d'un arrêt de la Cour de Bordeaux, qui renvoyait M. Marc Dufraisse devant le jury.

95. Cependant, si les juges sont d'avis que le fait ne constitue qu'une simple contravention, le prévenu est renvoyé devant le tribunal de police correctionnelle, sauf à la partie civile ou au ministère public à former opposition comme nous l'avons dit ci-dessus.

Si, au contraire le tribunal pense que le fait est de nature à constituer un délit, et qu'il y ait charge suffisante, les pièces sont transmises au procureur général, et il est procédé comme il est dit au numéro suivant.

Toute personne inculpée d'un délit de la presse, ou de la parole, et contre laquelle il aura été délivré un mandat de dépôt ou d'arrêt, *a le droit* d'obtenir sa mise en liberté provisoire sous caution. La caution à exiger ne pourra être supérieure au double du maximum de l'amende prononcée par la loi contre le délit qui lui est imputé, ce qui le plus souvent équivaut à une négation absolue du droit.

La mise en liberté provisoire sous caution peut d'ailleurs être demandée en tout état de cause, et elle est portée soit devant la chambre du conseil, soit devant la chambre des mises en accusation, soit même devant la Cour d'assises, suivant l'état plus ou moins avancé de la procédure.

En matière de presse, le droit de réclamer la liberté provisoire est *absolu;* tellement que si le prévenu d'un délit politique est resté en liberté pendant le cours de l'instruction, la chambre d'accusation ne peut, sans excès de pouvoir, ordonner son renvoi devant la Cour d'assises en état de mandat d'amener. Le prévenu doit rester en liberté et conserver la faculté de faire défaut que lui accorde la loi.

Mais l'orsque, après un arrêt de condamnation à l'emprisonnement, il y a pourvoi en cassation, la loi veut qu'on ne puisse être admis à juger ce pourvoi, s'il n'y a eu préalablement *mise en état*, c'est-à-dire si le prévenu ne s'est constitué prisonnier, à peine de déchéance. Néanmoins, si la mise en liberté provisoire avait été obtenue pendant l'instruction, le bénéfice de cette mesure profite au prévenu jusque devant la Cour suprême, et le dispense de la mise en état. Si le prévenu, demeuré libre, désire ne pas se constituer pour le jugement de son pourvoi, il peut encore réclamer sa mise en liberté provisoire. Sa demande, étant alors incidente à l'exécution de l'arrêt, doit être portée par requête devant la Cour dont la décision est attaquée. Celle-ci prononce et fixe la caution à fournir, dans les limites ci-dessus déterminées.

Cependant, s'il arrivait que sa demande fût rejetée, le prévenu ayant fait tout ce qui était en lui pour se conformer à la loi, il serait considéré comme n'en ayant été empêché que par force majeure; par suite, son pourvoi sur le fond serait recevable, quoiqu'il n'y eût pas mise en état. (Jurisprudence constante de la Cour suprême.)

96. Si, sur le rapport du juge d'instruction, les juges, ou seulement l'un d'eux, estiment que le fait incriminé est de nature à être puni de peines afflictives ou infamantes, et que la prévention contre l'inculpé est suffisamment établie, les pièces sont transmises, sans délai, au procureur général près la Cour d'appel, pour être soumises à l'appréciation de la chambre des mises en accusation.

Le procureur général est tenu, dans tous les cas, de mettre l'affaire en état dans les cinq jours de la réception des pièces, et de faire son rapport dans les cinq jours suivants, au plus tard, à la chambre des mises en accusation. Mais ces délais sont purement comminatoires : on les observe lorsqu'il y a intérêt à précipiter le jugement. Hors ce cas, c'est un miracle s'ils sont respectés.

Quand le fait est qualifié crime ou délit par la loi, et que la Cour trouve des charges suffisantes pour motiver la mise en accusation, elle ordonne le renvoi du prévenu devant la Cour d'assises.

Sont tenues, la chambre du conseil du tribunal de première instance, dans le jugement de mise en prévention, et la chambre des mises en accusation, dans l'arrêt de renvoi devant la Cour d'assises, d'articuler et de qualifier les faits à raison desquels lesdites prévention ou renvoi sont prononcées *à peine de nullité* dudit jugement ou arrêt.

97. *Crime.* — Dans le cas où le prévenu est renvoyé à la Cour d'assises pour crime, le procureur général est tenu, *à peine de nullité de tous les débats ultérieurs*, de rédiger un acte d'accusation. Cet acte doit exposer : 1° la nature du crime qui forme la base de l'accusation ; 2° le fait et toutes les circonstances qui peuvent aggraver ou atténuer la peine.

L'arrêt de renvoi et l'acte d'accusation doivent être notifiés à l'accusé, et il lui est laissé copie de la procédure.

L'accusé a un délai de cinq jours pour se pourvoir en cassation contre ledit arrêt, à peine de déchéance. Ce délai court du jour de l'avis qui lui est donné par le président, en conformité de l'article 296 du Code d'instruction criminelle.

Le procureur général doit se pourvoir dans le même délai et sous la même peine de déchéance.

98. Dans le cas où le prévenu est renvoyé à la Cour d'assises POUR DÉLIT, il est procédé comme il est dit au § 2 ci-après.

§ 2. — DE L'INSTRUCTION QUAND IL Y A SAISIE PRÉALABLE.

99. Immédiatement après avoir reçu le réquisitoire ou la plainte dont il est parlé n° 61, le juge d'instruction peut ordonner la saisie des écrits imprimés, placards, dessins, gravures, peintures, emblèmes ou autres instruments de publication. La prévoyance de la loi a été poussée aussi loin qu'il est possible. Ces mots : *instruments de publication*, par leur vague et

leur généralité embrassent le présent et l'avenir, les modes de publication connus au moment où elle parle et ceux à inventer; ils comprennent donc tout ce qui sert ou servira à donner une forme matérielle à la pensée, plâtres, moules, médailles, bronzes, statuettes, estampes, etc., etc.

L'ordre de saisir et le procès-verbal de saisie doivent être notifiés *dans les trois jours de la saisie* à la personne entre les mains de laquelle la *saisie aura été faite, à peine de nullité.*

Nous avons mainte fois signalé toutes les incorrections et les obscurités des dispositions législatives sur la presse. Cet article nous en offre un nouvel exemple. Doit-on notifier la saisie aux parties interressées, c'est à dire à l'auteur de l'écrit incriminé et au gérant du journal? Suffit-il de notifier au tiers (libraire, imprimeur, directeur des postes, employé ou garçon de magasin,) chez lequel ou en présence duquel la saisie aura été effectuée, ou bien enfin faudra-t-il notifier aux uns et aux autres comme cela se pratique généralement! C'est selon nous cette procédure qu'il faut suivre, et sous ce rapport, la pratique la plus générale a sainement interprêté et complété la loi dans son application. La saisie, en effet, n'étant pas autre chose qu'un séquestre de l'écrit, il est indispensable que le propriétaire (auteur ou gérant) soit duement averti, afin qu'il puisse prendre sans retard toutes les mesures propres à sauvegarder ses intérêts matériels, à éclairer la justice et à faire arrêter les poursuites, s'il a des moyens immédiats de justification. Quant à la notification aux tiers-détenteurs, elle nous parait nécessaire au même titre que la contre-dénonciation d'une saisie-arrêt en matière civile et que la remise d'une copie au Maire du domicile d'un absent. La dénonciation de la saisie à ces tiers est tout à la fois une garantie de plus pour l'auteur ou éditeur de l'écrit, et un avis aux tiers saisis de l'action sérieuse de la justice.

Il y a donc selon nous nullité à ne point notifier tout à la fois, à l'auteur, éditeur, ou gérant et aux tiers-détenteurs.

Mais cette nullité n'affecte que la saisie en la forme, c'est-à-dire sa régularite. Elle ne peut rejaillir sur la poursuite ou sur l'action dont elle n'est point partie nécessaire. Le seul droit résultant de la nullité particulière qui nous occupe, consiste à obtenir la restitution des objets saisis, ce qui ne les empêche pas d'être atteints plus tard, s'il intervient un arrêt de condamnation.

99 *bis*. Dans les huit jours de cette notification, le juge d'instruction est tenu de faire son rapport à la chambre du conseil. Si cette chambre est *unanimement* d'avis qu'il n'y a pas lieu à suivre, elle prononce la mainlevée de la saisie.

Dans le cas contraire, ou dans le cas de pourvoi du ministère public ou de la partie civile contre l'ordonnance de non-lieu, les pièces sont transmises *sans délai* au procureur général de la Cour d'appel. Celui-ci est tenu, dans les *cinq jours* de la réception, de faire son rapport à la chambre des mises en accusation, laquelle est tenue de prononcer dans les *trois jours* dudit appel.

100. La loi n'ayant attaché à ces dernières prescriptions aucune sanction pénale, l'inobservation des délais ci-dessus, de cinq jours et de trois jours, ne saurait entraîner aucune nullité de la procédure.

Mais faute par la chambre du conseil du tribunal de première instance d'avoir prononcé dans les *dix jours* de la notification du procès-verbal de saisie, la saisie est *périmée de plein droit*.

Dans le cas où, par suite de l'instruction, l'affaire se trouve portée devant la chambre des mises en accusation, le prévenu a la faculté de présenter à cette chambre une requête, soit à l'appui de son pourvoi, si c'est lui qui a attaqué l'ordonnance de première instance, soit à l'appui de sa défense, si c'est le ministère public ou la partie civile qui s'est rendu appelant.

La chambre des mises en accusation est alors tenue de prononcer sur la saisie dans les *dix jours* du dépôt en son greffe de la requête ainsi présentée par le prévenu. A défaut par la Cour d'avoir prononcé dans les dix jours de ce dépôt, la saisie est également *périmée de plein droit.*

101. Il ne suffirait pas que, soit la chambre du conseil, soit la chambre des mises en accusation, se bornât à déclarer la saisie valable et régulière en la forme ; elles doivent statuer dans les délais ci-dessus, tant sur la régularité de la saisie que sur les présomptions de criminalité qui justifient la saisie.

En ne statuant que sur la forme de la saisie, sans examiner si l'acte incriminé peut présenter les caractères d'un délit et motiver ainsi la saisie et la continuation de l'instruction contre les inculpés du délit de publication, il n'est pas satisfait au vœu de l'article 11 de la loi du 26 mai 1819 ; et, en cet état, la péremption est acquise de plein droit au prévenu.

Toutes les fois qu'il ne s'agit que d'un simple délit, *cette péremption de la saisie entraîne celle de l'action publique;* et cette péremption n'a pas besoin d'être requise ; elle peut d'ailleurs être opposée en tout état de cause, et même pour la première fois devant la Cour de cassation. Le silence gardé d'abord à ce sujet par le prévenu ne peut lui être opposé, parce que le moyen est d'ordre public ; aussi pour obtenir la remise des écrits saisis, l'article 11 de la loi du 26 mai 1819 n'exige ni ordonnance du juge, ni arrêt. (Arrêt solennel du 15 juillet 1850.) Cet article dit en effet que tous les dépositaires des objets saisis sont tenus de les rendre au propriétaire, sur la simple exhibition du certificat des greffiers respectifs constatant qu'il n'y a pas eu d'ordonnance ou d'arrêt dans les délais ci-dessus prescrits.

Les greffiers sont tenus de délivrer ce certificat à la première réquisition, sous peine d'une amende de 300 francs, sans préjudice des dommages-intérêts, s'il y a lieu. Cependant cet article 11 de la loi du 26 mai 1819, qui prononce la péremption des poursuites et de l'action publique, à défaut de décision sur la prévention, dans le délai de dix jours, à partir de la notification de la saisie, n'est applicable que dans le cas de saisie ordonnée par le *juge d'instruction*, conformément à l'article 7 de la même loi. La saisie ordonnée par tout autre magistrat ne fait pas courir le délai de dix jours au profit du prévenu. — Il en serait de même s'il n'y avait eu qu'un procès-verbal de perquisition non suivi de saisie.

Quid, si, nonobstant les injonctions si formelles de la loi, quelques difficultés s'élevaient à propos de la remise des objets saisis? La loi est complétement muette à cet égard, et en effet, elle n'a pas dû prévoir sa violation par ceux-là même qui doivent l'exécuter.

Toutefois, le cas échéant, nous estimons qu'il y aurait lieu de se pourvoir par requête, soit à la chambre du conseil, soit à la chambre des mises en accusation, suivant que la péremption ou nullité aurait été acquise devant l'une ou l'autre juridiction, pour faire ordonner la remise dont il s'agit, sauf à se pourvoir en dommages-intérêts par les voies ordinaires contre tout greffier ou dépositaire dont le refus serait vexatoire. Au besoin, on pourrait encore se pourvoir devant le président du tribunal jugeant en état de référé.

102. Lorsque la chambre des mises en accusation estimera qu'il y a lieu à suivre, elle renverra, comme dessus, les prévenus devant la Cour d'assises pour être jugés à la plus prochaine session.

L'arrêt de renvoi sera notifié de suite, et alors, s'il s'agit de *crimes*, il est procédé comme il est dit au N° 97.

S'il s'agit de *délits*, le délai pour se pourvoir contre l'arrêt de renvoi, n'est dans tous les cas que de *trois jours francs, à partir de la notification dudit arrêt au prévenu*.

DU POURVOI CONTRE LES ARRÊTS DE RENVOI.

103. En matière criminelle et surtout en matière de crimes et délits de presse, il entre dans les attributions de la Cour de cassation de juger les qualifications

légales données ou refusées aux faits résultant de l'instruction, alors même qu'il s'agit de crimes ou délits dont la loi n'a pas déterminé les éléments constitutifs.

D'un autre côté, la loi pour la garantie des prévenus ou accusés, a prescrit certaines formalités à l'inobservation desquelles elle a attaché la peine de nullité. Ces nullités elles-mêmes sont de deux sortes: 1° les unes péremptoires quant au fond; 2° les autres, péremptoires, quant à la forme.

Quelques-unes de ces nullités ne sont point couvertes par le silence de l'accusé; mais le plus grand nombre d'entr'elles le sont par le défaut de pourvoi dans les délais indiqués au n° 102.

Maintenant, supposons que dans une procédure se trouve une nullité qui la vicie radicaleement, il peut en résulter l'anéantissement de l'action publique. Il est donc du plus grand intérêt de vérifier avec soin les procédures antérieures au jugement de la Cour d'assises.

104. S'il n'y a point de pourvoi en cassation, ou lorsque le pourvoi a été jugé, la procédure continue son cours de la manière suivante :

En cas de crime, — lorsqu'après un arrêt de mise en accusation, l'accusé n'aura pu être saisi, ou ne se présentera pas dans les dix jours de la notification faite à son domicile; ou lorsqu'après s'être présenté ou avoir été saisi, il se sera évadé; le président de la Cour d'assises, ou en son absence, le président du tribunal de première instance, et à défaut de l'un et de l'autre, le plus ancien juge de ce tribunal, rendra une ordonnance portant qu'il sera tenu de se représenter dans un nouveau délai de dix jours; sinon qu'il sera déclaré rebelle à la loi, que l'exercice de ses droits de citoyen sera suspendu, que ses biens seront séquestrés pendant l'instruction de la contumace, que toute action en justice lui sera interdite pendant le même temps, qu'il sera procédé contre lui, et que toute personne est tenue d'indiquer le lieu où il se trouve. — Cette ordonnance fera de plus mention du crime, et de l'ordonnance de prise de corps. Elle sera publiée à son de trompe ou de caisse, le dimanche suivant, et affichée à la porte du domicile de l'accusé, à celle du maire, et à celle de l'auditoire de la Cour d'assises — Le procureur général, ou son substitut, adressera aussi cette ordonnance au directeur des domaines et de l'enregistrement du domicile du contumax.

Après un délai de dix jours, il sera procédé au jugement.

Aucun conseil, aucun avoué, ne pourra défendre l'accusé contumax. — Si l'accusé est absent du territoire européen de la République, ou s'il est dans l'impossibilité absolue de se constituer, ses parents ou ses amis pourront présenter son excuse et en plaider la légitimité.

Si la Cour trouve l'excuse légitime, elle ordonnera qu'il sera sursis au jugement de l'accusé et au séquestre de ses biens, pendant un temps qui sera fixé, eu égard à la nature de l'excuse et à la distance des lieux.

Hors ce cas, il sera procédé de suite à la lecture de l'arrêt de renvoi à la Cour d'assises, de la notification de l'ordonnance qui ordonne au contumax de se présenter, et des procès-verbaux dressés pour en constater la publication et l'affiche. — Après cette lecture, la Cour, sur les conclusions du procureur général ou de son substitut, prononcera sur la contumace. — Si l'instruction n'est pas conforme à la loi, la Cour l'annullera, et ordonnera qu'elle soit recommencée à partir du plus ancien acte illégal. — Si l'instruction est régulière, la Cour prononcera sur l'accusation et statuera sur les intérêts civils, le tout sans assistance, ni intervention de jurés.

Si l'accusé se constitue prisonnier, ou s'il est arrêté avant que la peine soit éteinte par prescription, le jugement rendu par contumace et les procédures faites contre lui depuis l'ordonnance de prise de corps ou de celle qui lui ordonne de se représenter, seront anéanties de plein droit, et il sera procédé à son égard dans la forme ordinaire. — Si cependant la condamnation par contumace était de nature à emporter la mort civile, et si l'accusé n'a été arrêté ou ne s'est représenté qu'après les cinq ans qui ont suivi l'exécution du jugement de contumace, ce jugement, conformément à l'article 30 du Code civil, conservera, pour le passé, les effets que la mort civile aurait produits dans l'intervalle écoulé depuis l'expiration des cinq ans jusqu'au jour de la comparution de l'accusé en justice.

Dans ce cas, si, pour quelque cause que ce soit, des témoins ne peuvent être produits aux débats, leurs dépositions écrites et les réponses écrites des autres accusés du même délit seront lues à l'audience : il en sera de même de toutes les autres pièces qui seront jugées par le président être de nature à répandre la lumière sur le délit et les coupables.

Le contumax qui, après s'être représenté, obtiendrait son renvoi de l'accusation, sera toujours condamné aux frais occasionnés par sa contumace.

105. Lorsque le renvoi à la Cour d'assises aura lieu POUR DÉLITS, le prévenu est également jugé par défaut, s'il n'est présent au jour fixé pour le jugement par l'ordonnance du président, notifiée à la personne ou à son domicile *dix jours au moins* avant le jour fixé pour sa comparution, outre un jour par cinq myriamètres de distance entre son domicile et celui du siége de la Cour d'assises. La Cour statue dans ce cas sans l'assistance ni intervention de jurés, tant sur l'action publique que sur l'action civile. Le prévenu peut former opposition à l'arrêt par défaut. Il est alors procédé conformément au § 3.

§ 3. — DE LA CITATION DIRECTE APRÈS SAISIE PRÉALABLE ET INSTRUCTION COMMENCÉE.

106. Le ministère public a la faculté de faire citer directement les prévenus devant la Cour d'assises, même après qu'il y a eu saisie préalable et instruction commencée dans les termes de la loi de 1819, pourvu

toutefois que les actes d'instruction ne présentent aucun caractère définitif. Par exemple, s'il y avait ordonnance de non-lieu, le ministère public ne pourrait prendre la voie de la citation directe. Il ne pourrait que former opposition à cette ordonnance et la soumettre à la Chambre des mises en accusation. On comprend en effet que sa volonté ou son caprice ne peut ainsi détuire une décision judiciare.

Mais il en serait autrement si l'ordonnance de la Chambre du conseil déclarait qu'il y a lieu à suivre; le ministère public pourrait alors, abandonnant le mode d'instruction commencée, recourir à la voie de la citation directe.

Toutefois il ne saurait être admis à employer cette voie, après avoir opté d'abord pour une procédure ordinaire, qu'autant qu'il se trouve encore dans les délais de dix jours accordés aux Chambres du conseil pour statuer; ou, en d'autres termes, qu'autant qu'il n'a pas laissé tomber son action en péremption par la péremption de la saisie.

107. Lorsqu'il use de la faculté de changer le mode de poursuite, il doit adresser son réquisitoire au président de la Cour d'assises pour obtenir indication du jour auquel le prévenu sera sommé de comparaître. Et comme dans ce cas le réquisitoire remplace l'arrêt de renvoi, il est tenu d'articuler et de qualifier les provocations, attaques, offenses, outrages, faits diffamatoires ou injures à raison desquels la poursuite est intentée, et ce à peine de nullité.

Le président fixe le jour de la comparution devant la Cour d'assises et commet l'huissier qui est chargé de la notification.

La notification du réquisitoire et de l'ordonnance du président est faite au prévenu *dix jours* au moins avant celui de la comparution, outre un jour par cinq myriamètres de distance.

Si le prévenu ne comparaît pas, il est jugé par défaut, et la Cour statue sans assistance ni intervention de jurés, tant sur l'action publique que sur l'action civile.

En cas de comparution, ou plus tard, en cas d'opposition à l'arrêt par défaut, la procédure est réglée conformément aux dispositions tracées au paragraphe suivant.

§ 4. — DE LA CITATION DIRECTE AVANT OU APRÈS SAISIE, MAIS AVANT TOUTE INSTRUCTION.

108. Au lieu de suivre les formalités ci-dessus, le ministère public peut saisir immédiatement la Cour d'assises.

Dans ce cas, il fait citer les prévenus directement *à trois jours*, outre un jour par cinq myriamètres de distance, et ce même après une saisie, pourvu qu'il n'y ait point eu instruction commencée, auquel cas, il doit procéder comme nous l'avons vu au paragraphe prédédent.

109. La citation doit contenir l'indication précise de l'écrit ou des écrits, des imprimés, placards, dessins, gravures, peintures, médailles ou emblèmes incriminés, ainsi que l'articulation et la qualification des délits qui donnent lieu à la poursuite. — Dans le cas où une saisie aurait été ordonnée ou exécutée, copie de ladite saisie doit être notifiée au prévenu en tête de la citation, *à peine de nullité*.

Si le prévenu ne comparaît pas au jour fixé par la citation, il est jugé par défaut par la Cour d'assises, sans assistance ni intervention de jurés.

RÈGLES COMMUNES AUX TROIS § PRÉCÉDENTS ET AU PRÉSENT.

110. L'opposition à l'arrêt par défaut devra être formée dans *les trois jours* de la signification à personne ou à domicile, outre un jour par cinq myriamètres de distance, à peine de nullité.

Néanmoins un arrêt de la Cour d'assises de la Seine, du 22 mai 1832, a décidé sous l'empire de la loi du 8 avril 1831, que le prévenu qui n'a formé son opposition qu'après l'expiration du délai fixé par la loi, pouvait être relevé de la déchéance par lui encourue, lorsqu'il était établi qu'il avait fait en temps utile les démarches nécessaires, et que le retard était le résultat d'une erreur de bonne foi. Dans l'espèce de cet arrêt, il s'agissait d'un individu qui s'était présenté *dans les délais* au bureau des huissiers pour former opposition à l'arrêt par défaut, et il était établi qu'il ne s'était retiré sans l'avoir faite, que sur l'assurance à lui donnée par l'huissier qu'il avait un délai de dix jours au lieu de cinq.

Cette décision peut également recevoir son application sous l'empire de la loi actuelle, car si elle prononce la peine de nullité, celle de 1831 portait celle de la déchéance, ce qui est un équivalent.

111. L'opposition emporte de plein droit citation à la première audience, et si le prévenu n'y est pas présent, la condamnation devient définitive. Par citation à la première audience, on doit entendre la première audience que tient la Cour d'assises après l'expiration du délai de trois jours qui suit l'opposition, conformément à l'art. 184 du Code d'inst. crim. (Cass. S. 44. 1. 723.)

En cas de comparution, toute demande en renvoi, pour quelque cause que ce soit, tout incident sur la procédure suivie, doivent être présentés avant l'appel et le tirage au sort des jurés, *à peine de forclusion*.

Toutefois, rappelons que la Cour d'assises saisie par un arrêt de la Chambre des mises en accusation serait incompétente pour statuer sur les questions de formes antérieure à l'arrêt de renvoi, ou sur les questions préjudicielles qui auraient été vidées par l'arrêt de renvoi dans la limite de ses attributions. En pareil cas, c'est devant la Cour de cassation que le prévenu doit se pourvoir.

Après l'appel et le tirage des jurés, le prévenu,

s'il a été présent à ces opérations, ne peut plus faire défaut. En conséquence l'arrêt qui interviendra sera contradictoire, lors même que le prévenu se retirerait de l'audience et refuserait de se défendre. Dans ce cas, il est procédé avec le concours du jury, et comme si le prévenu était présent.

112. Toutes les règles relatives à la notification de la liste et à la formation du jury, ainsi qu'aux débats en matière criminelle, sont applicables au jugement des délits de la presse.

Par suite, toutes les contraventions capables de vicier et annuler les débats en matière criminelle ordinaire, ont les mêmes conséquences dans les procès de presse, lors même qu'il ne s'agit que de délits.

Si, au moment où le ministère public exerce son action, la session de la Cour d'assises est terminée, il peut être formée une Cour d'assises extraordinaire par ordonnance motivée du premier président. Cette ordonnance prescrit le tirage au sort des jurés conformément à la loi.

DU POURVOI EN CASSATION.

113. Aucun pourvoi en cassation sur les arrêts qui ont statué, soit sur les demandes en renvoi, soit sur les incidents de la procédure, ne peut être formé qu'après l'arrêt définitif et en même temps que le pourvoi contre cet arrêt, à peine de nullité.

Ce pourvoi doit être formé par délaration au greffe de la Cour d'assises *dans les vingt-quatre heures de l'arrêt de condamnation*. Vingt-quatre heures après les pièces doivent être envoyées à la Cour de cassation, où l'affaire est instruite et jugée d'urgence, toutes autres affaires cessantes.

Le condamné doit, *à peine de déchéance* de son pourvoi : 1° consigner une amende de 150 fr. qui demeure acquise au fisc, en cas de rejet du pourvoi, et dont la restitution est au contraire ordonnée s'il y a cassation ; 2° se mettre en état, c'est-à-dire se constituer prisonnier, à moins qu'il ne soit en liberté provisoire sous caution.

Ces pourvois sont instruits et jugés dans les dix jours de l'arrivée des pièces au greffe de la Cour de cassation. Les prévenus ne doivent donc pas perdre un seul moment pour préparer leur défense, car il arrive fréquemment que les avocats sont avertis après le jugement du pourvoi.

DU JUGEMENT ET DE L'EXÉCUTION.

114. Tout arrêt de condamnation, contre des auteurs ou complices des crimes et délits commis par une voie quelconque de publication, ordonnera la suppression ou la destruction des objets saisis, ou de tous ceux qui pourront l'être ultérieurement, en tout ou en partie, suivant qu'il y aura lieu.

L'impression ou l'affiche de l'arrêt pourront être ordonnées aux frais du condamné.

Les arrêts sont rendus publics dans la même forme que les jugements portant déclaration d'absence; c'est-à-dire par insertion au *Moniteur*.

115. Quiconque, après que la condamnation d'écrits, dessins ou gravures, sera réputée connue par la publication dans les formes prescrites au numéro précédent, les réimprimera, vendra ou distribuera, subira le maximum de la peine qu'aurait pu encourir l'auteur.

DE L'EXÉCUTION DES CONDAMNATIONS.

116. Nous sommes arrivés à l'exécution des condamnations pécuniaires prononcées contre les gérants et les auteurs des articles condamnés. Ces dispositions ont acquis un nouvel intérêt depuis la loi du 16 juillet 1850.

D'après l'article 5 de la loi de 1828, si toutefois il est encore en vigueur, chaque gérant doit posséder en son propre et privé nom, le quart au moins du cautionnement du journal, dont la totalité peut être grevée d'un privilége du deuxième ordre, depuis l'abrogation de la loi du 9 septembre 1835 et de l'ordonnance rendue pour son exécution : c'est sur cette portion que les condamnations doivent d'abord s'imputer. Mais, en cas d'insuffisance, le surplus du cautionnement y est également affecté. La disposition de l'article 14 de la loi du 27 juillet 1849 par laquelle les propriétaires d'un journal ont la faculté de faire remplacer pendant un mois le gérant condamné par un rédacteur responsable, affecte aussi la totalité du cautionnement à cette responsabilité. Il en est de même dans le cas prévu par l'avant-dernier § de l'art. 12 de la loi de 1828.

En outre de ces garanties, l'article 3 de la loi du 9 juin 1819 « accorde au domaine un recours pour « l'exécution des condamnations pécuniaires sur les « biens des propriétaires ou éditeurs déclarés respon- « sables du journal ou écrit périodique et des auteurs « et rédacteurs des articles condamnés. »

Par ces mots : propriétaires ou éditeurs responsables, il faut entendre le gérant signataire. Car la solidarité ne saurait s'étendre au gérant ou associé en nom collectif qui n'a pas signé le numéro du journal poursuivi et condamné, par cette raison que les articles 4, 5 et 8 de la loi de 1828 ont substitué la responsabilité collective des auteurs ou éditeurs indiqués dans la déclaration dont parle l'article 2 de la loi de 1819. C'est donc aujourd'hui après l'épuisement du cautionnement, sur les biens du gérant et de l'auteur de l'article frappé judiciairement, que l'exécution doit être poursuivie.

La loi a, du reste, déterminé l'ordre dans lequel le cautionnement est affecté aux condamnations pécuniaires dans le cas où elles doivent l'absorber. On doit prélever : 1° les dépens ; 2° les dommages et intérêts dûs aux parties ; 3° les amendes. Cette disposition est conforme aux règles du droit commun.

117. D'après l'article 4 de la loi du 9 juin 1819, les condamnations encourues devront être acquittées, et le cautionnement libéré ou complété dans les quinze

jours de la notification de l'arrêt. Les quinze jours révolus sans que la libération ou le complétement ait été opéré, et, jusqu'à ce qu'il le soit, le journal ou écrit périodique cessera de paraître.

Le but de cette disposition a été de maintenir le cautionnement toujours entier dans les caisses du trésor.

D'autres dispositions sont encore venues accroître ces rigueurs. Jusques en 1850 le législateur était sévère; mais il respectait le droit commun. Par les articles 5, 6, 7 et 8 de la loi de 1850, au contraire, il a tracé pour la presse des dispositions exceptionnelles sans précédents et sans analogie dans aucune législation.

La loi de 1850 a divisé la France sous le rapport de la presse périodique en deux zônes. La première comprend les départements de la Seine, de Seine-et-Oise, de Seine-et-Marne et du Rhône; la deuxième se compose de tous les autres départements. Dans l'une on observe les règles du droit commun, présomption d'innocence jusqu'au jugement en faveur du prévenu, effet suspensif du pourvoi en cassation, délai de quinzaine à partir de la notification de l'arrêt *définitif* pour l'acquittement des amendes, etc., etc.; dans l'autre, au contraire, toutes ces garanties ont disparu et sont remplacées par les dispositions suivantes :

« Art. 5. Lorsque le gérant d'un journal ou écrit périodique paraissant dans les départements autres que ceux de la Seine, Seine-et-Oise, Seine-et-Marne et du Rhône aura été renvoyé devant la Cour d'assises par un arrêt de mise en accusation pour crime ou délit de presse, si un nouvel arrêt de mise en accusation pour crime ou délit de presse, intervient contre les gérants de la même publication, avant la décision définitive de la Cour d'assises, une somme égale à la moitié du maximum des amendes, édictées par la loi, pour le fait nouvellement incriminé, devra être consigné dansl es trois jours de la notification de chaque arrêt et nonobstant tout pourvoi en cassation. — En aucun cas, le montant des consignations ne pourra dépasser un chiffre égal à celui du cautionnement.

« Art. 6. Dans les trois jours de tout arrêt de condamnation, pour crime ou délit de presse, le gérant du journal devra acquitter le montant des condamnations qu'il aura encourues. — En cas de pourvoi, le montant des condamnations sera consigné dans le même délai.

« Art. 7. La consignation ou le paiement prescrit par les articles précédents sera constatée par une quittance délivrée en duplicata par le receveur des domaines. Cette quittance sera, le quatrième jour, au plus tard, soit de l'arrêt rendu de la Cour d'assises, soit de la notification de l'arrêt de la chambre des mises en accusations, remise au procureur de la République, qui en donnera récépissé.

Art. 8. Faute par le gérant d'avoir remis la quittance dans les délais ci-dessus fixés, le journal cessera de paraître, sous les peines portées contre tout journal publié sans cautionnement. »

118. Le but de l'article 5, en créant le *cautionnement préventif*, a été de frapper la presse républicaine et de la placer dans un état d'inégalité matérielle en face de la presse monarchique. Le moyen assuré de faire échouer ces tentatives est, incontestablement, d'écrire, avec plus de calme et de soin : l'honneur et la réputation des écrivains obligés, d'ailleurs, à signer leurs articles, y est fortement engagé. Et puis on peut tout dire : il n'y a besoin pour cela que de chercher la forme sous laquelle il faut envelopper sa pensée. C'est l'enfance de l'art que de faire saisir un journal, car c'est l'exposer à une condamnation et, dans l'état de la législation, à une suppression Du reste, la violence du langage flatte peut-être les exaltés, mais elle éloigne les hommes froids et effraie ceux qui sont d'une nature faible et craintive. La rigueur des lois répressives sera une excuse légitime de la modération du langage auprès des premiers, et à l'égard des autres cette modération renversera la barrière qui les séparait des hommes d'une opinion qui n'est nullement incompatible, d'ailleurs, avec des habitudes de discussion calme et réfléchie.

119. Il est un principe qu'on ne peut faire un pas sans heurter, c'est que jusqu'à ce qu'il ait été prononcé sur le sort d'un accusé il est légalement présumé innocent. Eh bien! c'est ce principe tutélaire, respecté vis-à-vis des criminels de droit commun, que l'on écarte quand il s'agit des prévenus d'un délit de presse! Ainsi les écrivains n'ont plus droit aux garanties ordinaires. « Si le gérant d'un journal, porte l'article 5, a été renvoyé devant la Cour d'assises par un arrêt de mise en accusation pour délit de presse et qu'il intervienne, un nouvel arrêt d'accusation avant que le premier ait été purgé, une somme égale à la moitié du maximum des amendes édictées par la loi, pour le fait nouvellement incriminé, devra être consignée dans les trois jours de la notification de chaque arrêt et nonobstant tout pourvoi en cassation. »

Voici dans quels termes le rapporteur de la commission a justifié cette disposition. Après avoir cherché à établir que souvent les journaux échappaient à l'exécution des condamnations, en abandonnant leurs cautionnements, et en reparaissant sous un nom différent, il ajoute :

« Pour assurer la répression des délits nous n'avons « guère qu'à choisir entre ces deux systèmes ; où l'élé- « vation permanente et générale des cautionnements de « tous les journaux, ou bien la consignation temporaire « que nous vous proposons. Pour nous, nous avons d'au- « tant moins hésité que, dans ce dernier système, la loi ne « demande plus la même garantie à ceux qui la respec- « tent et à ceux qui l'attaquent; elle distingue les bons « des mauvais, elle n'exige une nouvelle preuve de sou- « mission que de celui qui l'a bravée et contre lequel « la justice a déjà *solennellement* déclaré deux fois, en « peu de temps, *qu'il y avait charges suffisantes* « *pour qu'il eut à se justifier de graves accusations*. »

Il faut ne pas savoir ce que c'est qu'un arrêt d'accusation pour s'exprimer ainsi. Ce n'est point d'abord une décision solennelle, car le huis-clos n'a rien de solennel. Ensuite, il ne change pas la position du prévenu, car l'accusation n'en doit pas moins être prouvée par le ministère public, tandis que l'accusé n'a rien à justifier, si on n'établit rien contre lui devant la Cour d'assises. Un arrêt d'accusation juge définitivement la qualification des *faits incriminés* et voilà tout. Prétendre le contraire, c'est s'exposer courageusement au ridicule, alors même qu'on cherche des analogies dans les dispositions relatives aux contumax, à la partie civile, qui succombe dans son opposition et à la caution *judicatum solvi*.

Ce que l'on pourrait dire de plus raisonnable en faveur de la disposition adoptée par l'Assemblée, c'est que les arrêts d'accusation, en matière de presse, préjugent véritablement le fond, et que, sous ce rapport, ils pèsent si puissamment sur la décision du jury, que c'est une sérieuse question que celle de savoir si on ne devrait pas supprimer l'examen des chambres d'accusation pour les délits de la presse.

120. La condition nécessaire, pour qu'il y ait lieu au cautionnement préventif, c'est l'existence simultanée de deux arrêts d'accusation contre les gérants du journal. Ainsi, il est bien évident, que si le dernier arrêt était rendu après la décision du jury, sur la première accusation, il n'y aurait pas motif a exiger le montant de la consignation prescrite par l'art. 5 de la L. de 1850.

De même, si le ministère public procédait par voie de citation directe, les gérants ne seraient point obligés à la verser. Cela résulte formellement du rapport et du texte de la loi.

Il en serait encore ainsi, s'il s'agissait de deux arrêts d'accusation, dont l'un renvoie devant la Cour d'assises et l'autre devant la police correctionnelle, car la loi n'impose le cautionnement préventif qu'en cas de *crime ou délit de la presse*, et les tribunaux correctionnels ne sont juges que des contraventions.

Peu importe que les arrêts de renvoi aient été rendus contre deux gérants différents d'un même journal, la loi de 1850, à l'instar de celle du 27 juillet 1849 (article 15), n'a pas distingué entre les gérants, comme l'avait fait le législateur de 1828 (article 15), du moment où il s'agit du même journal. Dans tous les cas, où il existe deux arrêts de renvoi en cour d'assises, il y aura donc lieu à la consignation préalable.

121. Nous avons déjà dit que les règles du pourvoi en cassation n'ont pas été plus respectées que celles qui concernent les effets des arrêts d'accusation. On a voulu la consignation, nonobstant le pourvoi, « afin, « dit le rapport, que l'arrêt qui a condamné le coupa- « ble reçoive une prompte exécution. » Il était impossible d'établir une confusion plus inextricable; car, accusation et condamnation sont deux choses apparemment différentes; or, l'article 5 ne parle que d'arrêts d'accusation. Ce n'était donc pas une peine qu'il s'agissait de faire exécuter. Mais, en fût-il autrement, ce ne serait pas une raison pour enlever leur effet suspensif aux recours en cassation.

Quoiqu'il en soit, il est bien entendu qu'en cas *d'existence simultanée de deux arrêts d'accusation, renvoyant devant la Cour d'assises les divers gérants d'un même journal*, il y a lieu au versement du cautionnement préventif, et cela, malgré le pourvoi en cassation.

122. Le délai pour la consignation, exigée par l'article 5, est de trois jours, à partir de la notification du second arrêt de renvoi. Mais, cette disposition, comme celles des articles 6, 7 et 8 n'est point applicable aux journaux publiés dans les départements de Seine, Seine-et-Oise, Seine-et-Marne et Rhône.

123. Comme conséquence des dispositions que nous venons d'expliquer, l'article 6 (loi de 1850) exige encore l'acquittement du montant des condamnations dans les trois jours, de tout arrêt de condamnation, sans avoir égard au pourvoi en cassation.

Il faut remarquer ici, à la différence de l'article précédent, que le délai pour la consignation de l'amende court *du jour de la condamnation définitive*, et non du jour *de la notification de l'arrêt de condamnation*. En conséquence, l'amende doit être acquittée sans mise en demeure. Les gérants ne sauraient trop se tenir en garde contre de pareilles dispositions.

Mais plusieurs difficultés se présentent. Supposons

d'abord, un journal de Strasbourg, condamné pour diffamation, à Bordeaux. Faudra-t-il que le gérant consigne l'amende dans les trois jours? Autant vaudrait alors la lui demander avant le jugement, comme dans les cas prévus par l'article 5. Le bon sens indique que la consignation devra être effectuée dans les trois jours, *outre les délais de distance.*

Maintenant, supposons le gérant acquitté et le rédacteur condamné, le premier devrait-il payer une amende infligée au deuxième, et cela dans le délai de trois jours? L'article 13 de la loi de 1828 ne distingue pas et affecte, d'une manière absolue, le cautionnement au payement des amendes encourues par le journal. C'est ce que la Cour de cassation n'a pas manqué de juger le 3 avril **1851**.

Un gérant pourrait-il échapper à la nécessité de consigner une amende dans les trois jours, dans le cas prévu par l'article 5, en versant un cautionnement nouveau? Non, car la loi prescrit la consignation de l'amende et non d'un cautionnement, et comme il peut arriver que le montant de la condamnation soit supérieur à celui du cautionnement on ne peut substituer l'un à l'autre. C'est ce qu'a jugé la Cour de cassation (affaire Groubental); néamoins, on ne peut dissimuler que cette décision est rigoureuse et, surtout, trop absolue.

Les amendes pour *contravention* aux lois sur la presse, c'est à dire celles qui sont prononcées par les tribunaux correctionnels, ne peuvent être recouvrées que conformément à la loi du 9 juin 1819 (Art. 4), car les expressions *crime* ou *délit* employées par l'article 6 sont limitatives. (Cassation, mars 1851).

S'il s'agissait de dommages-intérêts prononcés contre le journal, on ne serait pas tenu à les acquitter dans les trois jours, malgré que la loi exige le paiement du *montant des condamnations encourues*, car on ne pourrait se libérer valablement par une consignation vis à vis d'une personne capable de recevoir. D'ailleurs, par ces mots : *condamnations encourues* on ne doit entendre que les condamnations prononcées à l'égard du ministère public, celles qui ont un caractère pénal.

Nous avons déjà fait remarquer que les dispositions des articles 5, 6, 7, et 8 de la loi de 1850, étaient inapplicables aux journaux des quatre départements privilégiés. La raison en a été suffisamment développée dans le rapport de la commission, c'est parce qu'à leur égard le paiement intégral des amendes est suffisamment garanti par le chiffre élevé du cautionnement. (1)

Enfin, ce qui doit achever de porter la conviction dans tous les esprits, c'est que l'exception admise en faveur des journaux des quatre départements privilégiés a été introduite par la commission sur la proposition de M. Nettement. En s'exécutant volontairement elle a donc reconnu l'injustice qu'il y aurait à étendre ces prescriptions aux journaux des quatre départements. C'est par ce motif qu'on a respecté, vis-à-vis d'eux, les principes fondamentaux de notre droit criminel. L'exception posée dans l'article 5 se continue dans les trois articles suivants, par ce motif qu'il doit y avoir même décision, là où il y a même raison de décider.

124. Indépendamment des prescriptions contenues dans les articles 5 et 6, le législateur de 1850 a encore exigé l'accomplissement de formalités accessoires dont l'inexécution constitue des contraventions. Ainsi : « la « consignation ou le paiement, porte l'article 7, pres- « crite par les articles précédents, doit être constaté « par une quittance délivrée en duplicata par le rece-

(1) « Il en résulte qu'avant même qu'il (le receveur) ait « pu obtenir le paiement des amendes encourues, de nou- « velles condamnations ont été prononcées, et que le *cau-* « *tionnement abandonné peut être de beaucoup insuffisant* « *pour y satisfaire.*

« Il faut prévenir de semblables conséquences qui sont « encore l'impunité, et pour cela nous vous demandons « d'ordonner que dans les trois jours de tout arrêt de con- « damnation le journal condamné soit tenu d'acquitter le « montant des condamnations, ou de le consigner, s'il s'est « pourvu en cassation. »

« veur des domaines. » En outre il faut : « Que cette « quittance soit, le quatrième jour au plus tard, soit « de l'arret rendu par la Cour d'assises, soit de la no- « tification de l'arrêt de la Chambre des mises en ac- « cusation, remise au procureur de la République qui « en donnera récépissé. »

Ces dispositions sont assez claires pour se passer de commentaires. Toutes les formalités imposées par l'article que nous venons de citer se résument dans le récépissé de la quittance de consignation ou de paiement, que doit donner le procureur de la République. Tout gérant qui ne le possédera pas entre ses mains, le quatrième jour de l'arrêt ou de la notification, selon les cas, aura commis une contravention punie des peines portées contre tout journal publié sans cautionnement. (Art. 6 de la loi du 9 juin 1819).

125. Nous avons réuni tout ce qui touche à l'exécution des condamnations pécuniaires prononcés contre les gérants d'un journal et contre les auteurs des articles poursuivis et condamnés. Il est encore un dernier mode de recouvrement autorisé par nos lois fiscales et dont aucun texte n'a interdit l'appilcation aux individus déclarés coupables de délits ou contraventions en matière de presse, c'est la contrainte par corps.

En cas d'insuffisance du cautionnement et des biens personnels de l'auteur ou du gérant, il y a lieu de recourir à ce moyen. En présence d'un mode d'exécution aussi énergique nous ne comprenons pas comment on a pu sérieusement soutenir que le ministère public était désarmé pour faire exécuter les condamnations pécuniaires. Voici du reste les conditions et les limites dans lesquelles la contrainte par corps est applicable aux écrivains :

Art. 33 de la la loi du 17 avril 1832. « Les arrêts, jugements et exécutoires, portant condamnation au profit de l'Etat, à des amendes, restitutions, dommages intérêts et frais en matière criminelle ou de police, ne pourront être exécutés, par la voie de la contrainte par corps que cinq jours après le commandement qui sera fait aux condamnés, à la requête du receveur de l'enregistrement et des domaines. Dans le cas où le jugement de condamnation n'aurait pas été précédemment signifié au débiteur, le commandement portera en tête un extrait de ce jugement, lequel contiendra le nom des parties et le dispositif. Sur le vu du commandement et sur la demande du receveur de l'enregistrement et des domaines, le procureur du roi adressera les réquisitions nécessaires aux agents de la force publique et autres fonctionnaires chargés de l'exécution des mandements de justice. Si le débiteur est détenu, la recommandation pourra être ordonnée immédiatement après la notification du commandement. »

Art. 35 de la même loi. « Néanmoins les condamnés qui justifieront de leur insolvabilité, suivant le mode prescrit par l'article 420 du Code d'instruction criminelle, seront mis en liberté après avoir subi quinze jours de contrainte, lorsque l'amende et les autres condamnations pécuniaires n'excéderont pas 15 fr. ; un mois, lorsqu'elles s'élèveront de 15 à 50 fr. ; deux mois, lorsque l'amende et les autres condamnations s'élèveront de 50 à 100 fr. ; et quatre mois lorsqu'elles excéderont 100 fr. »

Art. 8 de la loi du 13 septembre 1848. « La durée de la contrainte par corps, dans les cas prévus par l'article 35 de la loi du 17 avril 1832, ne pourra excéder trois mois. Lorsque les condamnations auront été prononcées au profit d'une partie civile, et qu'elles seront inférieures à 300 fr., si le débiteur fait les justifications prescrites par l'article 39 de la même loi, la durée de l'emprisonnement sera la même que pour les condamnations prononcées au profit de l'Etat. Lorsque le débiteur de l'Etat ou de la partie, ne fera pas les justifications exigées par les articles ci-dessus indiqués, de la loi du 17 avril 1832, et par le § 2 de l'article 420 du Code d'instruction criminelle, la durée de l'emprisonnement sera du double. »

126. Mais il ne suffisait pas au législateur d'assurer le recouvrement des amendes par l'exercice de tous les modes d'exécution connus, il s'est montré plus exigeant

encore. Ainsi, il n'admet de paiements valables que ceux qui sont effectués avec les deniers propres des gérants, propriétaires ou rédacteurs. C'est pour atteindre ce but que l'article 5 de la loi du 27 juillet 1849 porte :

« Il est interdit d'ouvrir et annoncer publiquement « des souscriptions ayant pour objet d'indemniser « des amendes, frais, dommages et intérêts, prononcés « par des condamnations judiciaires. La contravention « sera punie, par le tribunal correctionnel, d'un em- « prisonnement d'un mois à un an, et d'une amende « de cinq cents francs à mille francs. »

Les éléments constitutifs de cette incrimination sont, *l'ouverture ou annonce publique* de la souscription *dont l'objet est d'indemniser des frais, amendes, etc., résultant de condamnations judiciaires.* Ainsi si l'annonce n'est pas publique, ou s'il ne s'agit pas d'indemniser des condamnations judiciaires, la souscription est un fait licite. Mais il importerait peu que l'annonce fût faite en termes équivoques, du moment où elle est publique, quelle que soit d'ailleurs la nature de sa publicité, soit qu'elle émane d'un journal, soit qu'elle ressorte d'autres faits, pourvu qu'ils soient patents et notoires. Mais l'annonce d'une souscription ayant pour but de couvrir les frais d'un procès encore pendant est parfaitement licite.

DE LA PRESCRIPTION.

L'action publique et l'action civile contre les crimes et délits commis par la voie de la presse ou tout autre moyen de publication, se prescrivent par six mois révolus, à compter du fait de publication qui peut donner lieu à la poursuite.

Pour faire courir cette prescription de six mois, la publication d'un écrit devra être précédée du dépôt et de la déclaration que l'éditeur entend le publier. Mais le dépôt et la déclaration ne suffisent pas pour constituer la publication. (Mangin, act. publ., 311.)

S'il a été fait dans cet intervalle de six mois un acte

de poursuite ou d'instruction, la prescription n'a lieu qu'après un an à compter du dernier acte, à l'égard même des personnes qui ne seraient pas impliquées dans ces actes d'instruction ou de poursuite.

LIVRE IV.

IMPRIMERIE, LIBRAIRIE, AFFICHAGE, COLPORTAGE.

§ 1er. — IMPRIMERIE ET LIBRAIRIE.

128. Ces matières ont été l'objet d'une foule de lois et règlements, dont certaines dispositions sont encore en vigueur. Plusieurs d'entre elles sont peut-être d'une incontestable sagesse ; mais le mélange d'idées saines et d'idées gothiques dont elles sont empreintes en atténue singulièrement la puissance. Le danger de ces vieilles ordonnances, qu'on exhume avec tant de peines et de science de la poussière des sièles passés, c'est que personne ne les connaît et que personne, bien souvent, ne peut affirmer si elles ont conservé leur force au milieu de cette immense arsenal de lois contradictoires, dont la fécondité des gouvernements oligarchiques a doté la France. L'œuvre la plus utile et la plus efficace, pour l'affranchissement du peuple, sera la révision de tous ces édits, de toutes ces ordonnances, de toutes ces lois, de tous ces décrets par une commission de jurisconsultes. Car tant que notre législation restera dans l'état de confusion et d'obscurité où l'ont placée la multiplicité des lois, il n'y aura point de liberté pour le citoyen.

Aujourd'hui le titre 2 de la loi du 21 octobre 1814, intitulé *police de la presse*, règle presqu'exclusivement l'exercice des professions d'imprimeur et de libraire. Quelques débris des anciennes ordonnances et plusieurs dispositions des lois modernes complètent la règlementation.

129. Malgré le décret du 17 mars 1791, qui proclame la liberté de l'industrie et du travail, l'imprimerie et la librairie ne sont point des professions accessibles à tous les citoyens. « Nul ne sera imprimeur, ni libraire, porte l'article 11 de la loi de 1814, s'il n'est breveté par le roi et assermenté. »

Cette obligation est restée en vigueur, bien qu'elle soit dépourvue de toute sanction pénale à l'égard des libraires qui, en fait, exercent librement leur profession. Mais, en ce qui concerne les imprimeurs, la nécessité de remplir cette formalité est restée en vigueur. Le brevet est personnel; néanmoins la Cour de cassation a jugé le 2 juin 1827, que la veuve pouvait en jouir, conformément à l'article 55 du règlement de 1723. Cependant le conseil d'Etat (ord. 1er août 1837), a décidé que le gouvernement pouvait refuser la transmission du brevet aux héritiers, et qu'il n'y avait aucun recours contentieux contre une décision de cette nature.

La loi du 21 octobre 1814 s'applique aux imprimeurs-lithographes comme aux imprimeurs proprement dits. Ils sont soumis aux mêmes formalités, c'est-à-dire qu'ils doivent être brevetés, astreints à l'obligation de prêter serment devant le tribunal civil de la résidence, et soumis à la déclaration et au dépôt. Néamoins le gouvernement tolère l'existence de presses lithographiques portatives de petites dimension, ainsi que les presses à cylindre pour tirer des copies. (Ord. du 8 octobre 1817, circ. du 16 juin 1830). Mais c'est une triste chose que d'exercer une profession en vertu d'une tolérance.

Le brevet d'imprimeur est délivré par le ministre de l'intérieur ; il est enregistré au tribunal civil de la résidence de l'impétrant (art. 9 du décr. du 5 févr. 1810). Pour en obtenir la collation il suffit de justifier de sa moralité.

Le nombre des imprimeurs est limité, dans Paris seulement, où il a été fixé à 80 par le décret du 2 février 1811. Mais l'imprimeur ne peut exercer sa profession que dans l'endroit déterminé par le brevet, dont il a la jouissance viagère. Dans tous les cas, il ne peut le transmettre soit directement, soit indirectement : aucune disposition légale ne lui accorde, en effet, un droit de présentation analogue à celui que l'article 91 de la loi de 1816 confère aux officiers ministériels.

Toutefois, l'exploitation d'une imprimerie est une entreprise commerciale à raison de laquelle une association est parfaitement licite et permise au titulaire du brevet. Seulement il ne peut déléguer à personne la gestion pour laquelle il a prêté serment, et qui engage sa responsabilité personnelle.

130. Aux termes de l'article 12 de la loi de 1814, la révocation du brevet peut être prononcée contre tout imprimeur qui aura été convaincu de *contraventions aux lois et règlements*. Comme on le voit c'est la consécration de l'arbitraire dans toute sa nudité, puisqu'une simple infraction matérielle peut entraîner la ruine, non pas d'un seul homme, mais d'une famille entière.

Le premier frein qui ait été donné à cette singulière faculté de révocation a eu pour objet d'en remettre l'exercice aux mains du chef du pouvoir exécutif (L. du 28 avril 1816, art. 69). Aussi, un simple arrêté ministériel ne saurait valablement opérer le retrait du brevet (arr. du conseil d'Etat, 22 mars 1851). Cependant un simple arrêté ministériel suffit pour sa collation, contradiction dont il ne faut pas se plaindre.

D'autre part, les causes qui peuvent motiver une révocation ont été restreintes par les lois postérieures. On a compris ce qu'il y avait d'odieux dans cet arbitraire qui autorise un gouvernement à disposer de la propriété des citoyens pour l'omission d'un nom au bas d'un imprimé, par exemple, et l'on a fait bravement le sacrifice de certaines prérogatives dont on n'osait pas faire usage, puisque de 1830 à 1848 un seul imprimeur fut révoqué! Il est vrai que de 1848 à 1851, on s'est dédommagé de tant de mansuétude, car neufs retraits de brevets ont été effectués. Voici, du reste, quelles sont les limites apportées au droit de révocation.

Il est clair, d'abord, que la contravention doit être judiciairement établie, en d'autres termes elle doit résulter d'un jugement ou d'un arrêt de condamnation. Sans cela la révocation du brevet manquerait de base légale.

Mais la restriction la plus importante au droit du gouvernement résulte de l'article 24 de la loi du 17 mai 1819 qui déclare l'imprimeur à l'abri de toutes poursuites lorsqu'il n'a point *agi sciemment*. Il semblerait que cette disposition eut dû le garantir des effets du zèle des procureurs; car la nécessité d'établir que l'imprimeur a concouru avec connaissance de cause à la publication d'un écrit délictueux incombant à l'accusation, il y avait nécessité d'établir tous ces éléments de criminalité. Néanmoins de pareils obstacles n'ont jamais arrêté les procureurs du roi et ceux de la République, et, à plusieurs reprises, nous avons eu la douleur de voir frapper aveuglément l'instrument du délit et l'auteur du délit. Cela est plus digne de la vengeance d'un peuple sauvage que de la justice d'une nation éclairée.

Le droit de révocation a encore été limité par l'article 8 de la loi de 1828, qui impose l'obligation d'imprimer le nom du gérant d'un journal au bas de chaque numéro. La contravention à cette formalité, qui est imposée à l'imprimeur, entraîne contre lui une amende de 500 francs, mais ne peut autoriser le gouvernement à lui retirer son brevet.

131. C'est ici le lieu d'examiner une question grave et d'un intérêt général.

La faculté pour tout Français de publier librement un journal (art. 1er, L. 1828), donne-t-elle une action contre l'imprimeur pour le contraindre à louer l'usage de ses presses?

Il est bien évident, d'abord, que le droit de publier

implique virtuellement l'obligation de se faire imprimer. Or, si l'homme qui veut faire paraître un écrit ne peut contraindre, moyennant indemnité et garantie, les individus entre les mains desquels on a monopolisé l'imprimerie à lui livrer leurs presses, il est certain que la liberté d'exprimer sa pensée n'est plus qu'une illusion. Alors il faudrait dire que la loi de 1828, qui proclame cette liberté, n'abroge pas la loi antérieure du 21 octobre 1814, faite pour un ordre de choses entièrement opposé; en d'autres termes, qu'à la censure de l'autorité, on a substitué la censure inintelligente et peureuse de l'instrument; qu'enfin la liberté de publier existe, mais que les moyens d'en jouir sont interdits.

Selon nous, la faculté d'exprimer sa pensée par la presse est un droit souverain; l'usage de l'imprimerie, pour arriver à ce but, doit être accessible à tous les citoyens. En vain on oppose la liberté des contrats, le silence de la loi et la responsabilité de l'imprimeur pour soutenir que le concours de ce dernier est facultatif. —La liberté des contrats ne saurait être invoquée en faveur d'une profession privilégiée, alors que les citoyens sont obligés de s'adresser à des individus nantis de brevets.—Le silence de la loi de 1814, en présence des termes explicites de la loi de 1828, justifie précisément le droit des tiers à l'égard des imprimeurs. —Enfin, reste la responsabilité. On ne saurait se fonder sur ce principe pour refuser *à priori* l'usage de ses presses : l'article 24 de la loi du 17 mai 1819 ne frappe, d'ailleurs, que l'imprimeur qui a agi sciemment. Pour échapper à la responsabilité, il ne peut pas refuser son concours d'une manière générale et absolue, mais spécialement dans les cas où il pense avoir à redouter des poursuites en qualité de complice.

En résumé, malgré les décisions contraires des Cours d'appel de Poitiers, de Paris, de Rouen et de Dijon, nous n'en persistons pas moins à croire que les imprimeurs ne peuvent refuser leurs presses aux citoyens qui leur offrent à la fois l'indemnité de leurs services et la garantie de leur responsabilité. Sous ces deux conditions, ils ne sont pas libres d'entraver un droit naturel, selon leur bon plaisir ou leurs frayeurs trop souvent exagérées.

A plus forte raison si l'imprimeur avait contracté l'obligation d'imprimer un écrit périodique ou non périodique, il n'aurait pas la faculté de s'en affranchir de son autorité privée, même en se fondant sur les menaces de retrait auquelles il serait en butte de la part du préfet ou de toute autre autorité.

132. L'article 13 de la loi du 21 octobre 1814 porte que les imprimeries clandestines seront détruites et les possesseurs ou propriétaires punis d'une amende de 10,000 francs et d'un emprisonnement de six mois. Mais qu'est-ce qu'une imprimerie clandestine? C'est celle « qui n'a pas été déclarée au bureau de la librairie et pour laquelle il n'a pas été délivré de permission. » (Art. 14.) En d'autres termes, c'est la possession d'un matériel sans brevet.

Ainsi sont réputées imprimeries clandestines :

1° Celle qui est exploitée par une une personne qui, en vertu d'un traité passé avec un imprimeur breveté, et au moyen de presses qui sont sa propriété personnelle, imprime des ouvrages dans les ateliers de celui-ci et sous sa responsabilité légale. Nous devons faire remarquer que d'une lettre du ministre de l'intérieur du 16 octobre 1822, il résulte qu'on a accordé dans tous les temps, aux imprimeurs d'une moralité éprouvée, la faculté d'avoir une seconde imprimerie, à titre de succursale de leur principal établissement, sous la condition qu'elle sera toujours ouverte comme les autres ateliers aux agents de l'administration. — Il est évident que ces *succursales* ne sauraient jamais être considérées comme imprimeries clandestines.

2° Celle qui est exploitée par un cessionnaire pour son compte personnel sous le nom de son cédant avant d'être pourvu du brevet (Cass. 11 octobre 1845).

Mais une imprimerie légalement exploitée par le possesseur d'un brevet, ne saurait être réputée *clandestine* dans le sens de l'article 13, à l'égard de celui qui, après l'avoir achetée, sous la condition suspensive que la transmission du brevet lui serait accordée par le gouvernement, l'exploite ou la dirige provisoirement, même quelque temps après que la transmission du brevet lui a été refusée, mais sous le nom et la responsabilité du breveté, qui doit en retirer tous les profits par suite de l'anéantissement de la convention ; en ce cas, l'acquéreur doit être considéré comme un simple ouvrier de l'imprimeur breveté. (Cass. du 10 juillet 1846).

Ajoutons que la loi ne punit pas seulement l'usage, mais encore la simple possession de presses clandestines.

133. Examinons maintenant les obligations imposées à l'imprimeur par la loi du 21 octoble 1814.

Art. 14. « Nul imprimeur ne peut imprimer un écrit avant d'avoir déclaré qu'il se propose de l'imprimer, ni le mettre en vente ou le publier, de quelque manière que ce soit, avant d'avoir déposé le nombre prescrit d'exemplaires savoir : à Paris, au secrétariat de la direction générale de la librairie, et dans les départements, au secrétariat de la préfecture.

Art. 15. « Il y a lieu à saisie et séquestre d'un ouvrage : 1° Si l'imprimeur ne représente pas les récépissés de la déclaration et du dépôt ordonnés en l'article précédent ; 2° Si chaque exemplaire ne porte pas le vrai nom et la vraie demeure de l'imprimeur ; 3° Si l'ouvrage est déféré aux tribunaux pour son conteuu.

Art. 16. « Le défaut de déclaration avant *l'impression* et le défaut de dépôt avant *la publication*, constatés comme il est dit en l'article précédent, seront punis chacun d'une amende de 1,000 fr. pour la première fois et de 2,000 fr. pour la seconde.

Art. 17. « Le défaut d'indication de la part de l'imprimeur, de son nom et de sa demeure, sera puni d'une amende de 3,000 fr. L'indication d'un faux nom et d'une fausse demeure sera punie d'une amende de 6,000 fr. sans préjudice de l'emprisonnement prononcé par le Code pénal.

En outre de ces obligations, voici celles qui ont été imposées par la loi du 27 juillet 1849.

Art. 7. « Indépendamment du dépôt prescrit, par la

loi du 21 octobre 1814, tous écrits traitant de matières politiques ou d'économie sociale et ayant moins de dix feuilles d'impression, autres que les journaux ou écrits périodiques, devront être déposés par l'imprimeur, au parquet du procureur de la République du lieu de l'impression, ving-quatre heures avant toute publication et distribution. L'imprimeur devra déclarer, au moment du dépôt, le nombre d'exemplaires qu'il aura tirés. Il sera donné récépissé de la déclaration. Toute contravention aux dispositions du présent article sera punie par le tribunal de police correctionnelle d'une amende de 100 fr. à 500 fr.

Ainsi deux sortes d'obligations : la déclaration qui doit être faite avant l'impression ou tout au moins avant la correction des épreuves, et le dépôt de deux exemplaires, conformément à l'ordonnance du 9 janvier 1828. Ces formalités doivent être remplies à Paris au bureau de la librairie, et dans les départements au secrétariat de la Préfecture. Des récépissés doivent constater l'accomplissement de ces obligations. La première doit être établie par la tenue d'un livre sur lequel l'imprimeur inscrit par ordre de dates et de numéros, les titres exacts de tous les ouvrages qu'il se propose d'imprimer, le nombre de feuilles, de volumes, d'exemplaires, et le format de chacun. La déclaration doit être conforme à la mention du registre qui est soumis à l'examen des commissaires de police.

L'acte de dépôt doit émaner de l'imprimeur ou de son fondé de pouvoir.

La constatation des deux formalités dont nous nous occupons, ne peut résulter que des récépissés délivrés par le chef de bureau de la librairie, ou le secrétaire-général de la Préfecture. Néanmoins on a admis comme équipollent la vérification et le visa du livre de l'imprimeur par le commissaire de police.

La déclaration et le dépôt sont deux formalités distinctes, donnant lieu, dès lors, à deux pénalités différentes (Cass., 14 août 1846).

Le défaut de dépôt ou de déclaration est puni d'une amende de 1,000 fr. pour la première fois, de 2,000 fr.

pour la seconde, sans préjudice du sequestre de l'ouvrage s'il a été saisi.

Tous les imprimés sont soumis à ces deux formalités sans autre exception que celle des *ouvrages de ville ou bilboquets* (Circulaire ministérielle du 16 juin 1830). Ainsi, la jurisprudence les a déclarées applicables : à une chanson populaire (Cass., 12 décembre 1822,); à une musique gravée avec paroles (29 mai 1823; Paris, 23 novembre 1837, Cass., 30 mars 1838.); à un mémoire non signé d'un avocat ou d'un avoué, quoique peu étendu (Cass., 21 octobre 1825 et 3 juin 1826); à une planche gravée, accompagnée d'un texte imprimé (Ord., 24 octobre 1817; Cass., 5 novembre 1835 et 1er juin 1836; à un tableau des prix de divers travaux de fabrique, et même à tous les imprimés qui doivent être distribués et vendus à une certaine classe d'ouvriers, quel que soit leur contenu et leur format (Cass., 4 octobre 1844); enfin à tous écrits ayant un but politique, tels que placards concernant les élections (Cass., 29 novembre 1849).

La réimpression d'un écrit publié, a même été jugée possible des prohibitions et pénalités contenues aux articles 14 et 16 de la loi de 1814, à l'occasion d'une lettre de M. Cormenin au président du conseil, qui était imprimée en province, après avoir été publiée à Paris (Cass., 6 juillet 1832; Paris. 25 novembre 1837.

A l'égard des journaux, d'autres règles ont été tracées par les lois du 9 juin 1819 et du 18 juillet 1828 (Voir notre commentaire, liv. 1er, § 6.). Cependant, s'il s'agit d'une feuillle périodique non cautionnée, la formalité du dépôt à la Bibliothèque nationale et à celle de Ste-Geneviève, doit toujours être accomplie par l'imprimeur (Cour de cass., 3 avril 1846.). Il y a néanmoins dispense de déclaration et de dépôt s'il s'agit d'un mémoire publié à l'occasion d'un procès, pourvu toutefois qu'il porte la signature d'un avocat.

135. La loi de 1849 a, en outre, comme on l'a vu, par son article 7, imposé aux imprimeurs l'obligation de déposer au parquet du procureur de la République,

du lieu de l'impression, *vingt-quatre heures avant toute publication ou distribution*, tout écrit de moins de dix feuilles et traitant d'économie sociale ou de matières politiques, autres que les journaux. L'imprimeur doit déclarer le nombre d'exemplaires qu'il a tirés et prendre récépissé de la déclaration. Les contraventions à ces dispositions sont punies d'une amende de 100 fr. à 500 fr.

Lorsque des écrits de la nature de ceux qui sont désignés dans l'article 7 de la loi de 1849 sont joints à un journal, de manière à pouvoir en être détachés facilement, ou bien lorsqu'il sont destinés à en être séparés, la déclaration et le dépôt prescrits par la L. de 1814, et le dépôt exigé par la loi de 1849 doivent être effectués par l'imprimeur. C'est ce que la Cour de cassation a jugé le 28 novembre 1850, au sujet de pétitions contre la loi du 31 mai qui se trouvaient jointes à un journal. Il y avait dans cette espèce, trois contraventions, 1° défaut de déclaration de l'imprimeur, 2° défaut de dépôt au secrétariat de la Préfecture, 3° défaut de dépôt au parquet. L'imprimeur et l'éditeur qui n'ont pas rempli les formalités prescrites par les lois des 9 juin 1819 et 18 juillet 1828, relatives à la déclaration spéciale et au versement du cautionnement, sont passibles des peines portées par ces lois, lors même que l'imprimeur aurait accompli personnellement les formalités du double dépôt prescrit par la loi du 21 octobre 1814 (Cour de cass., 31 mai 1850).

136. Indépendamment des obligations dont nous venons de parler, la loi exige encore que chaque imprimeur mette en bas de l'écrit son *vrai nom* et sa *vraie demeure*, à peine de sequestre de l'ouvrage et d'une amende de 1,000 fr. pour la première fois, et de 2,000 fr. pour la seconde. Le défaut d'indication du nom et de la demeure de l'imprimeur est puni d'une amende de 3,000 fr., et l'indication d'un faux nom et d'une fausse demeure, d'une amende de 6,000 fr. Enfin, tout libraire chez qui il sera trouvé, ou qui sera convaincu d'avoir mis en vente ou distribué un ouvrage sans nom d'imprimeur, sera condamné à une amende de 2,000 fr. L'amende sera réduite à 1,000 fr. si le libraire fait connaître l'imprimeur.

Dans tous les cas, les exemplaires saisis pour les contraventions que neus venons d'énumérer, seront restitués après le payement des amendes.

L'application de ces dispositions se combinant avec les art. 283 à 289 du C. P., et l'article 6 de la L. de 1849, nous renvoyons au § 3 de ce livre, pour l'examen de toutes les difficultés d'interprétation que peut présenter l'omission de l'impression du nom ou de la demeure.

137. Mais sur quels écrits doit se trouver l'indication des nom et demeure de l'imprimeur? tous sans aucune exception, y sont soumis par la loi, les cartes de visite, les lettres de faire part, etc., aussi bien que l'in-8°. Si, dans l'usage, on a dispensé les imprimeurs du dépôt et de la déclaration pour certains écrits, ce n'est qu'une tolérance administrative, qui ne s'étend pas à l'omission de leurs noms et de leurs demeures. L'infraction à ces formalités est donc punissable alors même qu'elle est commise par le lithographe sur une carte de visite (Cass., 3 juillet 1845). Cela est rigoureux, mais c'est la loi.

Aucune place n'est spécialement assignée à la mention du nom de l'imprimeur et de sa demeure. Cette mention, du reste, ne doit pas être reproduite sur chaque feuille d'un ouvrage : il suffit qu'elle soit sur l'ouvrage. Ainsi, s'il s'agit d'un écrit publié par livraisons, il n'est pas nécessaire qu'elle soit imprimée sur toutes les livraisons destinées à former un volume, si, entre ces livraisons, il existe un lien intime qui ne permette pas de les séparer intellectuellement (Cour de Paris, 13 mai 1834). Néanmoins, il est plus prudent de répéter inutilement la formalité que de l'omettre une seule fois. Mais, s'il s'agit d'une feuille d'impression en placard sur laquelle un écrit se trouve reproduit plusieurs fois et est destiné à une division naturelle, le nom et la demeure de l'imprimeur doivent être imprimés au bas de chaque exemplaire : une seule mention au bas de la feuille ne suffirait pas.

Dans tous les cas, la circonstance que l'écrit sans

nom d'imprimeur sort d'un atelier déterminé doit être expressément établie, car, sans cela, l'auteur de la contravention reste inconnu, et une condamnation est impossible (Cass., 9 novembre 1849.).

138. A l'égard des libraires, l'obligation d'être breveté est tombée en désuétude faute de sanction pénale. Une tentative pour les soumettre aux autorisations préalables sous les peines portées par l'article 6 de la L. de 1849, contre les distributeurs et colporteurs, n'a pas été plus heureuse, car la Cour de cassation a annulé un jugement qui condamnait un libraire, exerçant sans brevet, pour distribution illégale (Cass., 28 mai 1851).

Mais l'administration a-t-elle le droit de fermer la boutique d'un libraire non breveté ? A plusieurs reprises, elle se l'est arrogé; mais aucune disposition légale n'autorise de pareils actes de violence, et il est impossible de suppléer au silence de la loi dans une matière qui ne touche ni à la tranquillité, ni à la salubrité publique. Le grand principe de la liberté du travail protége toutes les industries, sauf dans les contraventions expressément punies par les lois. Ainsi, le libraire dont on ferme violemment le magasin a le droit de résister et de le rouvrir dès que l'emploi de la force a cessé.

Et si, comme il est arrivé quelquefois, l'autorité se permettait de mettre des scellés sur son magasin, il devrait se pourvoir devant l'autorité judiciaire, même par voie de référé devant le président du tribunal, pour en faire ordonner la levée. L'esprit de persécution contre les libraires non munis de brevets a même été, dans ces derniers temps, poussé jusqu'à la démence.

139. Une ordonnance du 8 novembre 1780 du lieutenant général de police défend à tous marchands de Paris et de ses faubourgs d'acheter aucuns livres des enfants de famille, ou des domestiques, ou même de toutes personnes dont les noms et demeures ne leur sont pas connus, sans un consentement exprès et écrit de leurs pères, mères, tuteurs, maîtres ou maîtresses, à peine de 400 livres d'amendes, sans préjudice des restitutions et dommages intérêts. A cet effet, il leur

est prescrit de tenir un livre spécial coté et paraphé par premier et dernier feuillet, et visé par le commissaire de police auquel ils doivent le représenter au moins une fois par mois.

L'amende de 400 livres est un *maximum*. Les tribunaux peuvent donc l'abaisser indéfiniment, car ils jouissent, à cet égard, des mêmes droits que les anciens parlements. Aussi, le 8 mars 1838, la Cour de Paris, en appliquant cette ordonnance, n'a condamné le prévenu qu'à 1 fr. d'amende.

140. Le décret du 7 germinal an 13, apporte une restriction préventive au droit de publier, en ce qui concerne les livres d'église. D'après l'article 1er, ces livres ne peuvent être réimprimés sans la permission des évêques diocésains à peine de 100 fr. à 2,000 fr. contre le contrefacteur et de 25 fr. à 500 fr. contre le débitant. (425, 426, 427 du C. pén.) En outre, l'édition contrefaite sera confisquée, ainsi que les planches, moules ou matrices.

Ce serait une erreur grave que de considérer le droit des évêques comme constituant une propriété. Après de longues hésitations, la jurisprudence a fini par reconnaître que ce n'était qu'un droit de haute censure.

141. Les décrets des 20 février 1809 et du 6 juillet 1810 apportent encore de nouvelles restrictions au droit d'imprimer en ce qui touche les manuscrits déposés dans les greffes, les bibliothèques et autres établissements publics, ainsi que les lois et ordonnances. Les infractions au premier décret n'ont pas de sanction pénale, mais les autres sont punies par la saisie et la confiscation.

Quant aux défenses d'annoncer les loteries étrangères ou de créer des loteries non autorisées, la Cour de cassation a jugé que le fait par des libraires d'avoir offert en prime, aux acheteurs de leurs ouvrages, des billets d'une loterie autorisée, ne constitue pas une contravention aux prohibitions de la loi de 1836.

142. Toutes les infractions que nous venons de signaler doivent être constatées par des procès-verbaux

des commissaires de police; mais ce mode n'est point exclusif des preuves de droit commun, et la Cour de cassation a même jugé que le défaut de dépôt ou de déclaration résultait suffisamment de la non représentation des récépissés.

Le ministère public peut poursuivre d'office : la dénonciation du direteur général de la librairie n'était pas nécessaire pour l'exercice de l'action, alors qu'il y avait un directeur général de la librairie.

143. Les infractions aux lois sur l'imprimerie et la librairie, constituant de véritables contraventions, malgré le chiffre élevé des amendes dont elles sont frappées, leur répression appartient aux tribunaux correctionnels. Par cette même raison, l'*excuse de force majeure* est seule admissible, et le principe de la non cumulation des peines, quand les faits sont distincts, n'est pas applicable, puisque la Cour de cassation a jugé récemment que l'art. 365 du C. d'Instr. civ. ne s'étendait pas aux simples contravention. Enfin l'article 463 du Code pénal est étranger aux faits prévus et punis par la loi de 1814. Quand à la prescription elle est soumise aux règles générales du Code d'instruction criminelle, dont l'article 640 est ainsi conçu : « L'action publique et l'action civile pour une contravention de police seront prescrites après une année révolue, à compter du jour où elle aura été commise, même lorsqu'il y aura eu procès-verbal, saisie, instruction ou poursuite, si dans cet intervalle il n'est intervenu de condamnation; s'il y a eu un jugement définitif de première instance de nature à être attaquée par la voie de l'appel, l'action publique et l'action civile se prescrivent après une année révolue, à compter de la notification de l'appel qui en aura été interjeté. »

Quant aux peines, l'article 639 porte : les peines prononcées par les jugements rendus pour contraventions de police seront prescrites après deux années révolues, savoir : pour les peines prononcées par arrêt ou jugement en dernier ressort, à compter du jour de l'arrêt; et à l'égard de celles portées par les jugements de première instance du jour où ils ne pourront plus être attaqués par la voie de l'appel.

144. Il nous reste à parler de la protection accordée à l'imprimerie et à la librairie française et de la manière dont elle est réglementée. Le titre 5 du décret du 5 février 1810 a posé le principe d'un droit protecteur auquel tous les livres imprimés à l'étranger en langue française ou latine, doivent être soumis à leur entrée sur le territoire français. La loi de douanes du 27 mars 1817 a fixé ainsi qu'il suit le tarif de ce droit : Livres imprimés à l'étranger en langues mortes ou étrangères, 10 fr. les 100 kilog. Ceux imprimés en langue française : *mémoires scientifiques*, 50 fr. ; *ouvrages publiés*, 100 fr. ; *réimpression légale d'ouvrages publiés en France*, 150 fr. ; contrefaçons prohibées. —A ces droits il faut ajouter le supplément de 10 ou de 20 centimes, imposé par l'article 7 de la loi du 28 avril 1816. — Les livres devant acquitter moins de 150 francs de droits doivent être emballés séparément et par espèce.

Nous touchons ici à la propriété littéraire, mais nous sommes obligés de nous arrêter, parce qu'elle ne rentre pas dans l'objet de ce livre.

§ 2. — AFFICHAGE. — COLPORTAGE.

(Lois du 10 décembre 1830, 16 février 1834, 21 avril 1849 (articles 2 et 3), 27 juillet 1849 (article 6) et 16 juillet 1850 (article 10).

145. Au nombre des moyens les plus efficaces de propagation de la pensée se trouvent l'affichage et le colportage. On comprend, dès lors, qu'ils ont dû exercer l'activité des législateurs, toujours si bienveillants pour la liberté de la presse.

Les lois sur le colportage et l'affichage ont successivement admis deux systèmes différents de répression ou plutôt de prévention. L'un, le plus libéral, consistait à soumettre les crieurs, vendeurs ou distributeurs à une simple déclaration préalable à l'autorité municipale (article 2 de la loi du 10 décembre 1830). L'autre confisque la liberté de vendre les écrits en l'abandonnant sans contrôle à l'arbitraire de l'administration qui, seule, peut délivrer les autorisations de distribuer ou de colporter. C'est sous l'empire de ce dernier système que nous sommes placés.

146. D'après l'article 1er de la loi du 10 décembre 1830, la prohibition d'afficher est absolue en ce qui touche aux *nouvelles politiques* ou à des *objets politiques*. Quel que soit le mode d'affichage, quel que soit le genre de l'affiche, il y a délit s'il ne s'agit pas de choses en dehors de celles qui font l'objet de la prohibition. Cela, du moins, a le mérite d'être clair.

Cependant le législateur a mis une condition à cette défense, c'est que l'affichage soit effectué dans les rues, places ou autres lieux publics? Des exemples tirés de la jurisprudence pourront faire connaître la signification de ces mots, beaucoup mieux qu'une définition. Ainsi le greffe d'un tribunal, les bureaux d'une administration publique, une auberge, un café, une école, une caserne, une étude de notaire ou d'avoué, etc., etc., sont des lieux publics. On pourra peut-être considérer comme tels les lieux affectés temporairement à une réunion publique, comme une maison particulière dans laquelle on procéderait à une élection ; mais ceci est controversable, et peut, d'ailleurs, selon les circonstances, donner naissance à discussion.

La loi de 1830 n'a admis qu'une seule exception à la prohibition d'afficher dans des lieux publics des nouvelles politiques ou des écrits traitant d'objets politiques, et cette exception concerne les actes de l'*autorité publique* qui, d'après la loi du 22 juillet 1791, confirmée par l'article 65 de celle du 28 avril 1816 et par l'article 77 de la loi du 25 mars 1818, jouissent du privilége exclusif de pouvoir être imprimées sur papier blanc. Les particuliers, au contraire, ne peuvent employer que des papiers de couleur pour leurs affiches.

Les mots autorité publique ont une signification

très-vague. Mais, selon nous, les actes des fonctionnaires qui jouissent de l'immunité dont parle l'art. 1er de la loi du 10 décembre 1830, sont ceux qu'ils font dans l'exercice de leurs fonctions, et dans les limites de leurs pouvoirs : on ne saurait raisonnablement donner une autre interprétation à l'article 1er de la loi du 10 décembre 1830.

147. La loi du 16 juillet 1850 est venue ajouter au privilége dont jouissent les actes de l'autorité publique en matière d'affichage, le droit accordé aux candidats de faire afficher et distribuer sans autorisation, dans les vingt jours qui précéderont les élections, leurs circulaires et professions de foi.

Cet article est ainsi conçu : « Pendant les vingt jours « qui précéderont les élections les circulaires et professions de foi signées des candidats pourront, après « dépôt au parquet du procureur de la République, « être affichées et distribuées sans autorisation de l'au- « torité municipale. »

La loi du 21 avril 1849, actuellement abrogée, avait accordé à tout citoyen le droit de faire afficher, crier, distribuer et vendre tous journaux et tous autres écrits et imprimés relatifs aux élections pendant les quarante-cinq jours qui devaient les précéder.

Ce n'était point là cette liberté étranglée que laisse l'article de la loi de 1850. Les candidats pouvaient être contrôlés et discutés autrement que par les candidats. Il y avait alors des garanties sérieuses dans cette instruction publique qui précédait la nomination des représentants. Ce qu'on y a substitué est quelque chose qui n'est ni monarchique ni démocratique; c'est insignifiant et inexécutable dans des élections générales. Aussi, on violera la loi, nous le craignons, non pas ouvertement, mais par apposition clandestine d'affiches manuscrites, lithographiées ou imprimées sans nom d'imprimeur. Voilà ce qu'un législateur imprévoyant recueille en prononçant des prohibitions impossibles. Nous gémissons toujours quand nous voyons nos assemblées entrer dans ces voies pleines d'écueils où souvent elles sont exposées à perdre leur considération avec leur autorité.

Quoiqu'il en soit, l'application de l'article 10 de la loi de 1850, soulève plusieurs difficultés. Nous ne parlerons ni du dépôt au parquet qui doit s'effectuer comme celui des journaux et dont il est prudent de retirer un récépissé, malgré que la loi ne l'exige pas, ni de la dispense de toute autorisation, puisque rien n'est si facile que d'agir librement ; mais notre article est-il applicable aux élections partielles aussi bien qu'aux élections générales?

La raison de douter c'est qu'il a remplacé l'art. 2 de la loi du 21 avril 1849 et que cet article ne s'appliquait qu'aux élections générales. Cependant comme le droit accordé par la loi de 1850 a été restreint aux écrits des seuls candidats, au lieu d'appartenir à tous les citoyens comme dans la loi de 1849, on peut soutenir avec raison qu'il n'y a pas d'identité entre les deux facultés, et surtout qu'il n'y avait pas même raison de décider. En effet, on comprend qu'un droit aussi vaste que celui d'afficher, crier et vendre, nonobstant tout espèce de règlement de police, ne puisse être reconnu que dans les occasions solennelles où la nation tout entière est convoquée à la fois dans les comices électoraux. Mais ce droit mesquin, ridicule, que les candidats futurs aux prochaines élections se sont réservé, n'est pas de nature à porter ombrage, et l'on ne s'expliquerait pas pourquoi, malgré son caractère anodin, il ne serait pas étendu aux élections partielles.

Cependant ces raisons n'ont pas séduit la chambre criminelle de la Cour de cassation, qui a jugé que l'article 10 s'appliquait seulement aux élections générales.

148. Maintenant l'article 13 de la loi de 1850 qui soumet au timbre les écrits non périodiques de moins de trois feuilles, traitant de matières politiques ou d'économie sociale, est-il applicable aux circulaires et affiches des candidats publiés dans les vingt jours qui précèdent l'élection? Aucune exception en leur faveur n'ayant été insérée dans la loi, il faut en conclure que

ces écrits doivent être timbrés, s'ils ont moins de trois feuilles d'impression. Mais, à leur égard, le timbre vaut affranchissement.

149. Les modifications apportées à l'affichage par la législation nouvelle sont, comme on le voit, très-peu importantes. Il n'en est pas de même à l'égard du droit de vendre et distribuer. L'article 2 de la loi de 1830 laissait le colportage sous l'empire du droit commun : il a été remplacé par l'article 1er de la loi du 16 janvier 1834, qui règle ainsi la profession de distributeur : « Nul ne pourra exercer, même temporairement, la « profession de crieur, de vendeur ou de distributeur, « sur la voie publique, d'écrits, dessins ou emblêmes « imprimés, lithographiés, authographiés, moulés, « gravés ou à la main, sans autorisation préalable de « l'autorité municipale.

« Cette autorisation pourra être retirée.

« Les dispositions ci-dessus sont applicables aux « chanteurs sur la voie publique. »

C'est là, sans contredit, l'une des atteintes les plus graves qui aient été portées à la liberté de la presse : elle a pour effet d'empêcher la manifestation de la pensée, en la plaçant sous le bon plaisir du préfet de police à Paris, et des maires élus par le pouvoir exécutif dans les départements. En abrogeant les lois de septembre, par une incroyable légèreté, on oublia les lois non moins dures du 9 juin 1819, de 1822, de 1828, de 1830 et 1834, et au lieu de briser la chaîne, on se borna à rompre un seul de ses anneaux.

On aurait pu se contenter assurément de ces dispositions ; cependant, sur la proposition de M. Barrot, l'Assemblée législative a été plus loin. L'article 6 de la loi de 1849, porte : « Tous distributeurs ou colpor- « teurs de livres, écrits, brochures, gravures et litho- « graphies, devront être pourvus d'une autorisation « qui leur sera délivrée, pour le département de la « Seine, par le préfet de police, et, pour les autres dé- « partements, par les préfets.

« Ces autorisations pourront être retirées par les au- « torités qui les auront délivrées.

« Les contrevenants seront condamnés par les tri-
« bunaux correctionnels à un emprisonnement d'un
« mois à six mois et à une amende de 25 à 500 francs,
« sans préjudice des poursuites qui pourraient être
« dirigées pour crimes ou délits, soit contre les auteurs
« ou éditeurs de ces écrits, soit contre les distributeurs
« ou colporteurs eux-mêmes. »

Il faut remarquer que cet article frappe sans distinction toute distribution, quelle que soit la nature de l'écrit : il atteint donc aussi bien le colportage des livres religieux ou scientifiques que celui des journaux. Le domicile lui-même n'est pas respecté : il y a contravention par le fait seul de la remise d'un imprimé, sans distinguer si le lieu dans lequel la distribution s'est effectuée est public ou privé. Ici, le législateur a évidemment franchi les bornes de sa puissance. Nous comprenons que la loi de police, variable de sa nature, interdise le colportage sur la voie publique dans les grandes villes, afin de maintenir la circulation libre. Mais qu'il prohibe la distribution et le colportage dans le domicile du citoyen, c'est un abus de pouvoir manifeste!

La Cour de Cassation a interprété cet article 6 de la loi de 1849, en ce sens que la prohibition ne s'applique pas seulement aux colporteurs de profession, mais encore aux distributeurs par accident. Dans cette voie elle est allée très-loin. Cependant des scrupules l'ont saisie quand il s'est agi de décider la question de savoir s'il y avait contravention à l'article 6, dans le fait d'avoir présenté des pétitions à signer (Cassation, 6 juillet 1850), — dans l'envoi d'un écrit par la poste, — dans la vente des livres par un libraire non breveté, — dans la remise d'un compte-rendu des actes d'une société par un associé à ses co-sociétaires.

En dehors de ces cas, la distribution et le colportage d'un *écrit*, — et ce mot comprend même les journaux, d'après ce que nous avons dit ci-dessus, — par des personnes qui ne sont pas pourvues d'une autorisation, constitue une contravention. La cour de Caen a même jugé, le 13 mars 1851, que celui qui exerce temporairement la profession de *crieur* sur la voie publique, sans autorisation préalable de l'autorité municipale, et cela encore bien qu'il soit pourvu d'une autorisation de *colporteur* délivrée par le préfet, conformément à la loi du 27 juillet 1849, est passible des peines portées par la loi de 1834 qui, sous ce rapport, n'a point été abrogée par l'article 6 de la loi de 1849. *Une double autorisation est nécessaire.* Malgré cet arrêt, nous avons des doutes sur l'exactitude de cette interprétation.

150. Mais qu'entend-on par distribution et colportage? La distribution, dans son sens le plus étendu, est la remise d'un objet, soit à titre de prêt, soit à titre de dépôt, soit enfin à titre de don. Le mot colportage s'applique plus particulièrement à la vente ou à la mise en vente par des individus qui vont offrir leurs marchandises. Telle est la définition qui nous semble résulter de la jurisprudence.

On voit par là que l'article 6 est étendu par les tribunaux, même aux faits de distribution à domicile. C'est incontestablement un abus d'interprétation ; mais ce qui est plus grave, c'est que les règles de la complicité ont été jugées applicables aux infractions prévues par l'article 6, malgré qu'elles ne constituent que de simples contraventions. C'est là, en effet, l'atteinte la plus manifeste aux articles 59 et 60 du Code pénal, dont les dispositions sont restreintes aux complices pes *crimes ou des délits*. Cependant il faut se résigner, car c'est la jurisprudence de la Cour de cassation : S'agit-il d'une question de compétence? Afin de conserver aux tribunaux correctionnels la connaissance d'un fait, elle déclare qu'il ne constitue qu'une infraction matérielle : S'agit-il de punir par extension un prétendu complice? Elle juge que le fait est un délit, malgré qu'il soit soumis à la juridiction correctionnelle. Ainsi, toujours la pauvre presse est frappée. On ne saurait donc recommander trop de prudence aux citoyens qui prêtent bénévolement leurs écrits, car ils s'exposent à un emprisonnement de six mois, en outre de la prévention, qu'ils sont exposés à subir. (Circulaire ministérielle du 8 octobre 1849.)

151. L'article 2 de la loi de 1834 a été modifié par l'article 6 de la loi de 1849. Les peines qu'il prononce ne sont plus applicables qu'aux chanteurs sur la voie publique. A l'égard des distributeurs et colporteurs, ils sont soumis aux dispositions pénales de la loi de 1849.

Cet article 6 de la loi de 1849 n'a point abrogé le § 1er de l'article 3 de la loi de 1830, qui nous semble appartenir exclusivement au domaine des ordonnances de police comme tout ce qui touche au colportage et à la distribution des écrits (Titre XI de la loi du 16 août 1790) : dans une loi il a, par conséquent, l'inconvénient d'être trop absolu.

Quant à la déclaration prescrite par le deuxième § de cet article, elle a été remplacée par le dépôt au parquet. L'article 7 de la loi du 27 juillet 1849, qui régit actuellement cette partie de la matière est ainsi conçu : « Indépendamment du dépôt prescrit par la loi du 21 oc- « tobre 1814, tous écrits traitant de matières politiques « ou d'économie sociale et ayant moins de dix feuilles « d'impression, autres que les journaux ou écrits pé- « riodiques, devront être déposés par l'imprimeur au « parquet du procureur de la République du lieu de « l'impression, vingt-quatre heures avant toute publi- « cation et distribution. — L'imprimeur devra décla- « rer, au moment du dépôt, le nombre d'exemplaires « qu'il aura tirés. — Il sera donné récipissé de la dé- « claration. Toute contravention aux dispositions du « présent article sera puni, par le tribunal de police « correctionnelle, d'une amende de 100 francs à « 500 francs. »

C'est par conséquent l'assimilation aux journaux de tout écrit traitant de matières politiques ou d'économie sociale et ayant moins de dix feuilles d'impression, pour tout ce qui concerne la formalité du dépôt au parquet, sauf toutefois ces différences : 1° que l'imprimeur sera tenu de déclarer le nombre d'exemplaires tirés ; 2° que le dépôt devra être effectué vingt-quatre heures avant toute publication.

152. Nous arrivons maintenant à l'article 4 de la loi

de 1830, qui punit la vente ou distribution de faux extraits de journaux. Cette incrimination n'est pas sans analogie dans nos lois (voir Code pénal 419, loi du 15 mars 1849, article 4); cependant le législateur ne l'a jamais généralisée. Pour nous qui pensons qu'en matière de presse il ne peut y avoir de délits particuliers, c'est une lacune, facilement explicable du reste. Les auteurs du Code pénal ont rarement été touchés de ce que la jurisprudence de la Cour de cassation a appelé depuis le préjudice social. Cela se conçoit ; dans un système où tout convergeait vers un seul homme, on devait être infiniment plus préoccupé de ses intérêts que de ceux des citoyens. De là ces omissions que le développemunt démocratique de la société a rendu plus sensibles. Ce sont elles qui, avec les incriminations arbitraires, ont servi d'arguments aux auteurs des lois de 1828, 1835, 1849 et 1850, pour soutenir cette hérésie que la presse peut être autre chose que l'instrument d'un délit. Il fallait bien, au reste, admettre cette erreur pour justifier des créations de cette espèce, excitation à la haine et au mépris du gouvernement, outrage à la morale publique et religieuse, etc., etc., incriminations dont les définitions n'ont pas été données par le législateur, parce qu'elles sont impossibles.

L'article 4 de la loi de 1830, prohibe donc la vente ou distribution de faux extraits de journaux, jugements et actes de l'autorité publique. Par là on ne doit pas entendre seulement la dénaturation de ces écrits, mais encore l'attribution fausse et mensongère d'un extrait à un journal, ou à un acte de l'autorité, ou à un jugement.

Il faut, du reste, remarquer que le fait prévu par l'article 4 donne lieu à deux incriminations différentes ; la première concerne le crieur ou vendeur, la deuxième l'auteur ou l'imprimeur. Ces incriminations sont punies aussi d'une manière différente; le crieur de 25 à 500 francs d'amende et d'un emprisonnement de six jours à un mois cumulativement ou séparément, et l'auteur ou l'imprimeur d'une peine double. Mais cette dernière infraction est punie d'un emprisonnement d'un mois à un an, et d'une amende de 50 à 500 francs si les faux extraits vendus ou distribués *sont de nature à troubler la paix publique*, conformément à l'art. 4 de la loi du 27 juillet 1849.

Si l'écrit affiché ou le faux extrait distribué ou vendu, contenait des délits particuliers, la répression n'en serait point entravée par la punition des faits incriminés.

153. Les journaux, feuilles périodiques, jugements, etc., etc., ne peuvent être criés et annoncés que par leurs titres. Les infractions à ces dispositions sont punies d'une amende de 25 à 200 francs et d'un emprisonnement de six jours à un mois, cumulativement ou séparément. Elles peuvent encore être réprimées par la révocation de l'autorisation de distribuer et vendre sur la voie publique.

On a réservé la connaissance de ces délits au jury par cette raison qu'il y avait appréciation et que les tribunaux correctionnels, juges exclusifs des contraventions, ne pouvaient statuer sur la question de savoir si un écrit est politique ou si un extrait est faux. Par la même raison, on a laissé dans les attributions des cours d'assises le jugement des délits résultant de la publication ou reproduction de nouvelles fausses, de pièces fabriquées, falsifiées, etc., etc., prévus par l'article 4 de la loi du 27 juillet 1849. C'est donc par antinomie que les infractions aux dispositions des articles 3 et 4 de la loi de 1850 (amendement Tinguy) ont été qualifiées de contravention.

§ 3. — DE LA DISTRIBUTION D'ÉCRITS, IMAGES OU GRAVURES, SANS NOM D'AUTEUR, IMPRIMEUR OU GRAVEUR.

154. Les codes de l'empire ont singulièrement vieilli. Faits en vue d'un ordre de choses qui a disparu, ils ne sont plus en harmonie avec les institutions sociales et les mœurs publiques. Ainsi voilà une section toute entière où la délation est encouragée !

Le but du législateur a été de faire remonter à l'auteur la responsabilité de l'écrit. Cela est bien ; mais ce qui est mauvais, c'est le choix du moyen. A la vérité, comme à cette époque ce n'était que sous le voile de l'anonyme que la pensée perçait librement, il fallait à tout prix arracher cette dernière ressource aux opprimés. C'est pour cela que la loi permet de demander compte de la distribution, quelle que soit d'ailleurs l'innocuité de l'écrit, à l'auteur, puis à l'imprimeur et enfin au distributeur. C'est la circulation des écrits anonymes que le Code pénal a voulu réprimer dans la présente section.

155. L'incrimination comprend les écrits, brochures, lithographies, etc., etc., et autres imprimés. S'appliquerait-elle à une distribution de notes manuscrites ? Nous ne le croyons pas. Indépendamment des raisons de texte qui résultent de ces mots : « *et autres imprimés,* » il y a encore ce motif d'exclusion puisé dans la quasi-nullité du préjudice.

Mais que doit-on entendre par le mot publication ? Ici évidemment il ne peut avoir le même sens que dans la loi du 17 mai 1819. Cependant il nous répugne de croire qu'un fait de distribution puisse constituer la publication, car la remise d'un écrit à une personne unique ne suffit point à porter sa connaissance au public : il n'y a pas et ne peut y avoir notoriété suffisante dans la remise d'un seul exemplaire. Aussi, la Cour de cassation, par de nombreux arrêts rendus en 1851, a jugé qu'il n'y avait pas délit de publication dans la communication d'une pétition à des citoyens, et qu'on ne peut considérer comme l'auteur celui qui la présente à signer.

Quant à la distribution, bien que le fait accidentel se trouve frappé d'une peine égale à celle qui est portée par l'article 283 du Code pénal, dans la loi de 1849, cette disposition a encore de l'intérêt ; car il peut y avoir à la fois deux infractions à l'égard desquelles les peines doivent être cumulées : 1° distribution sans autorisation ; 2° distribution d'un écrit ne renfermant pas l'indication vraie des noms, professions, etc., etc.

Au surplus, l'obligation d'indiquer les nom et domicile

au bas des imprimés, a été imposée aux libraires et imprimeurs par les articles 17 et 18 de la loi du 21 octobre 1814 : cela constitue une contravention d'une nature spéciale et punie d'une manière plus rigoureuse sous le rapport de l'amende.

Enfin la condition d'avoir distribué *sciemment* est nécessaire pour constituer le délit.

Telles sont les règles générales posées dans le Code pénal pour empêcher la circulation des écrits anonymes. L'article 284 de ce Code complète la pensée du législateur en dévoilant son but.

Ainsi, si le distributeur consent à dénoncer l'imprimeur, il jouira d'une diminution de peine.

Quant à l'imprimeur, si son nom n'est pas au bas de l'écrit, il ne peut échapper à la peine portée par les articles 15 et 16 de la loi de 1814. La dénonciation ne lui procurerait aucun avantage.

156. Les articles 283 et 284 atteignent les distributeurs munis d'une autorisation régulière, si les écrits qu'ils distribuent ne contiennent pas le nom de l'auteur ou de l'imprimeur.

La première partie de l'article 285 du Code pénal se trouve confirmée par l'article 1er de la loi du 17 mai 1819, au commentaire duquel nous renvoyons.

Quant à la dernière partie elle accorde encore une prime à la délation. Toutefois, il faut remarquer que la complicité dans les deux cas, suppose nécessairement la connaissance de la provocation et l'intention de la propager, sans cela la culpabilité n'existe pas. C'est donc à l'accusation à établir que le distributeur a connu le caractère délictueux de l'écrit.

L'imprimeur, s'il est connu, est considéré comme complice. Cela n'a lieu que dans le seul cas où l'écrit est anonyme. Dans toutes les autres hypothèses la responsabilité de l'imprimeur, est réglée par l'article 24 de la loi du 17 mai 1819.

157. On a soutenu que l'article 286 du Code pénal, qui prononce la confiscation des écrits incriminés, était abrogé par des raisons diverses. M. Parant a prétendu qu'à l'égard des imprimeurs et des libraires, il était

remplacé par l'article 18 de la loi du 21 octobre 1814. M. Chassan, de son côté, le déclare inconciliable avec feue la Charte qui avait aboli la confiscation.

Pour nous, nous nous rangeons à l'opinion des savants auteurs de la théorie du Code pénal, et nous croyons qu'il ne faut pas confondre « la confiscation « qui a pour but principal l'anéantissement du délit « même, et qui est plutôt une précaution qu'une aug- « mentation de châtiment » avec la confiscation qui frappait autrefois la généralité des biens du condamné.

Les articles 287 et 288, qui frappaient l'exposition ou la distribution des chansons, pamphlets, etc., etc., ont été abrogés par les articles 8 de la loi du 17 mai 1819 et 1, 2, 3 et suivants de la loi du 25 mars 1822 auxquels nous renvoyons nos lecteurs.

158. Quant à l'imprimeur et au graveur, ils ne sont plus responsables, que dans le cas prévu par l'art. 24 de la loi du 17 mai 1819, s'ils ont fait connaître le nom de l'auteur.

Si, enfin, on arrive à découvrir le nom de l'auteur, il sera puni, aux termes de l'article 289, du maximum de la peine attachée à l'espèce de délit. Mais cet article n'est applicable qu'aux cas peu nombreux où la législation postérieure n'a point dérogé aux dispositions de la présente section.

Nous ne parlerons pas de l'article 290, parce qu'il a été remplacé par une législation que nous venons d'expliquer.

159. Ici se borne la tâche que nous avons entreprise. Nous croyons n'avoir laissé échapper aucun des nombreux textes, de cette partie, si minime cependant de notre législation. En pareille matière, nul ne peut prétendre à une exactitude absolue. Voici pourquoi : depuis 1789 jusqu'en 1843, seulement, le nombre des lois, décrets et ordonnances est de 81,366 dont 3,402 appartiennent à l'Assemblée constituante ; 2,078 à l'Assemblée législative ; 14.034 à la Convention nationale ; 2,049 au Directoire ; 3,846 au gouvernement consulaire ; 10,254 à l'Empire ; 841 à Louis XVIII, du 1er avril 1814 au 9 mai 1815 ; 318 aux cent-jours

et au gouvernement provisoire; 17,812 à Louis XVIII à partir du 25 juin 1815; 15,801 à Charles X, et enfin 10,931 à Louis-Philippe, non compris 17,922 ordonnances rendues depuis 1830 et qui concernent des intérêts privés.

Chacune de nos lois contient en moyenne 50 articles; ce qui donne 4,068,300 dispostions législatives, sans y comprendre les lois, ordonnances, édits, déclarations, etc., etc., antérieurs à 1789 et encore en vigueur, dont le recueil forme 2 volumes in-8°, et tout ce qui a été fabriqué depuis 1843 jusqu'à ce jour!!...

Eh bien! nous le demandons en conscience, quel est le juge ou le jurisconsulte assez audacieux pour prétendre connaître tous ces textes si souvent contradictoires?...

On l'a dit avec raison: il n'y a pas de forêt vierge qui renferme plus de broussailles, de lierres, de fourrés, de marécages et de traquenards que cet amas de lois, d'arrêtés, d'ordonnances, de décrets, qui s'enchevêtrent, s'abrogent, se confirment, se neutralisent, dans cet arsenal où chaque législature nouvelle vient encore forger quelques chaînes, tendre quelques piéges de plus pour étrangler les justiciables malheureux.

Ne serait-il pas temps enfin que nos législateurs voulussent bien introduire un peu d'unité dans ce dédale législatif et porter la cognée hardiment sur ces lois qui tombent de vetusté et pour lesquels on semble conserver un respect superstitieux? Mais, surtout, le moment ne serait-il pas opportun pour entrer dans une voie nouvelle et pour procéder par élimination au lieu de continuer à agglomérer confusément les textes les uns sur les autres? Car, quelques années encore de ce système, et l'on pourra appliquer à la France ce mot profond: L'empire fut plus tourmenté par les lois qu'il ne l'était auparavant par les vices.

LOIS SUR LA PRESSE.

Réglement du 28 fevrier 1723.

Art. 55. Les veuves des imprimeurs et celles des libraires pourront continuer leur travail daus leurs imprimeries et tenir leurs boutiques de librairie.

Ordonnanse du 8 octob e 1780.

Art. 1er. Faisons très-expresses inhibitions et défenses à tous marchands et artisans de cette ville et faubourgs, d'acheter aucunes hardes, meubles, linge, *livres*, bijoux, plomb, vaisselle et autre chose, des enfants de famille ou des domestiques, sans un consentement exprès et par écrit de leurs pères et mères ou tuteurs et de leurs maîtres ou maîtresses ; leur faisons semblables défenses d'en acheter d'aucunes personnes dont le nom et la demeure ne leur soient connus ; le tout à peine de 400 livres d'amende et de répondre en leur propre et privé nom des choses volées et même d'être poursuivis extraordinairement si le cas y échoit.

17 *mars*, 1791.

Décret proclamant la liberté de toutes les professions.

22 *et* 28 *juillet* 1791.

L'assemblée nationale décide que les affiches et les actes émanés de l'autorité publique seront seuls imprimés sur papier blanc ordinaire ; et celles faites par des particuliers ne pourront l'être que sur papier de couleur, sous peine de l'amende ordinaire de police municipale.

Decret, 7 *germinal an* 13 (28 *mars* 1805).

Art. 1er. Les livres d'église, les heures et prières ne pourront être imprimés ou réimprimés qu'après la permission donnée par les évêques diocésains, laquelle permission sera textuellement rapportée et imprimée en tête de chaque exemplaire.

Art. 2. Les imprimeurs-libraires qui feraient imprimer, réimprimer des livres d'église, des heures ou prières, sans avoir obtenu cette permission, seront poursuivis conformément à loi du 19 juillet 1793.

Décret. (20 *février* 1809).

Art. 1er. Les manuscrits des archives de notre ministre des relations extérieures et ceux des bibliothèques impériales, départementales et communales ou des autres établissements de notre empire, soit que ces manuscrits existent dans les dépôts auxquels ils appartiennent, soit qu'ils en aient été soustraits ou que leurs minutes n'y aient pas été déposées aux termes des anciens règlements, sont la propriété de l'Etat et ne peuvent être imprimés et publiés sans autorisation.

Art. 2. Cette autorisation sera donnée par notre ministre des relations extérieures pour la publication des ouvrages dans lesquels se trouveront des copies, extraits ou citations des manuscrits qui appartiennent aux archives de son ministère ; et par notre ministre de l'intérieur pour celle des ouvrages dans lesquels se trouvent des copies, extraits ou citations des manuscrits qui appartiennent à l'un des autres établissements publics mentionnés dans l'article précédent.

Décret (5 *février* 1810).

Art. 9. Le brevet d'imprimeur sera délivré par notre directeur général de l'imprimerie et soumis à l'approbation de notre ministre de l'intérieur ; il sera enregistré au Tribunal civil du lieu de la résidence de l'impétrant qui y prêtera serment de ne rien imprimer de contraire aux devoirs envers le souverain et à l'intérêt de l'Etat.

Titre V. *Des livres imprimés à l'étranger.*

Art. 34. Aucun livre en langue française ou latine, imprimé à l'étranger, ne pourra entrer en France sans payer un droit d'entrée.

Art. 35. (Voir l'ordonnance du 27 mars 1817.)

Art. 36. Indépendamment des dispositions de l'art.

34, aucun livre imprimé ou réimprimé hors de France, ne pourra être introduit en France sans une permission du ministre de l'intérieur, annonçant le bureau de la douane par lequel il entrera.

Art. 37. En conséquence tout ballot de livres venant de l'étranger, sera mis, par le préposé des douanes, sous corde et sous plomb, et envoyé à la préfecture la plus voisine.

Décret (*6 juillet* 1810).

Art. 1er. Il est defendu à toutes personnes d'imprimer et débiter les sénatus-consultes, codes, lois et règlements d'administration publiques avant leur insertion et publication par la voie du Bulletin au chef-lieu du département.

Art. 2. Les éditions faites en contravention de l'article précédent seront saisies, à la requête de nos procureurs généraux, et la confiscation en sera prononcée par le Tribunal de police correctionnelle.

Décret relatif aux brevets à délivrer aux imprimeurs (*2 février* 1811).

Art. 1er Les brevets d'imprimeurs seront délivrés sur parchemin par notre directeur général de l'imprimerie (aujourd'hui le ministre de l'intérieur).

Art. 2. Les frais d'expédition des brevets demeurent fixés à 50 fr. pour Paris, et 25 fr. pour les autres villes.

Art. 3. Les brevets ne seront remis aux impétrants que sur le vu de la quittance des frais d'expédition.

Art. 4. Les fonds seront remis aux fonds spéciaux affectés aux dépenses générales de l'imprimerie et de la librairie.

Libraire. — Brevet (*11 juillet* 1812).

Art. 1er. Les dispositions de notre décret du 2 février 1811, relatives aux brevets d'imprimeur, sont déclarées applicables et rendues communes aux libraires.

Art. 2. Leur brevet sera conforme au modéle ci-annexé.

Art. 3. Ne sont pas compris dans ces dispositions les *libraires-étaleurs-bouquinistes.*

IMPRIMERIE. — LIBRAIRIE.

TITRE Ier. Abrogé.

TITRE II. *De la police de la Presse* (21 *octobre* 1814).

Art. 11. Nul ne sera imprimeur ni libraire s'il n'est breveté par le roi et assermenté.

Art. 12. Le brevet pourra être retiré à tout imprimeur ou libraire qui aura été convaincu par un jugement de contravention aux lois et règlements.

Art. 13. Les imprimeries clandestines seront détruites et les possesseurs et dépositaires punis d'une amende de dix mille francs et d'un emprissonnement de 6 mois. - Sera réputée *clandestine* toute imprimerie non déclarée à la direction générale de la librairie, et pour laquelle il n'aura pas été obtenu de permission.

Art. 14. Nul imprimeur ne pourra imprimer un écrit avant d'avoir déclaré qu'il se propose de l'imprimer, ni le mettre en vente, ou le publier de quelque manière que ce soit, avant d'avoir déposé le nombre prescrit d'exemplaires, savoir : à Paris, au secrétariat de la direction générale; et dans les départements, au secrétariat de la préfecture.

Art. 15. Il y a lieu à saisie et sequestre d'un ouvrage : 1° Si l'imprimeur ne représente pas les récépissés de la déclaration et du dépôt ordonnés en l'article précédent ; 2° Si chaque exemplaire ne porte pas le vrai nom et la vraie demeure de l'imprimeur ; 3° Si l'ouvrage est déféré aux tribunaux pour son contenu.

Art. 16. Le défaut de déclaration avant l'impression et le défaut de dépôt avant la publication, constatés comme il est dit en l'article précédent, seront punis chacun d'une amende de mille francs pour la première fois, et de deux mille francs pour la seconde.

Art. 17. Le défaut d'indication de la part de l'imprimeur, de son nom et de sa demeure, sera puni d'une amende de trois mille francs. L'indication d'un faux nom et d'une fausse demeure sera puni d'une amende de six mille francs, sans préjudice de l'emprisonnement prononcé par le Code pénal.

Art. 18. Les exemplaires saisis pour contravention à la présente loi, seront restitués après le paiement des amendes.

Art. 19. Tout libraire chez qui il sera trouvé ou qui sera convaincu d'avoir mis en vente ou distribué un ouvrage sans nom d'imprimeur, sera condamné à une amende de deux milles francs, à moins qu'il ne prouve qu'il a été imprimé avant la promulgation de la présente loi. L'amende sera réduite à mille francs si le libraire fait connaître l'imprimeur.

Art. 20. Les contraventions seront constatées par les procès-verbaux des inspecteurs de la librairie et des commissaires de police.

Art. 21. Le ministère public poursuivra d'office les contrevenants par-devant les tribunaux de police corrsctionnelle, sur la dénonciation du directeur général de la librairie (actuellement du ministre de l'intérieur), et la remise d'une copie des procès-verbaux.

Ordonnance relative à l'impression, au dépôt et à la publication des ouvrages (24 *octobre* 1814).

Art. 1er. Les brevets d'imprimeur et de libraire délivrés jusqu'à ce jour sont confirmés : les conditions auxquelles il en sera délivré à l'avenir, seront déterminés par un nouveau règlement.

Art. 2. Chaque imprimeur sera tenu, conformément aux règlements, d'avoir un livre coté et paraphé par le maire de la ville où il réside, où il inscrira par ordre de date, et avec une série de numéros, le titre littéral de tous les ouvrages qu'il se propose d'imprimer, le nombre des feuilles, des volumes et des exemplaires, et le format de l'édition. Ce livre sera représenté, à toute réquisition, aux commissaires de police et visé par eux s'ils le jugent convenable. — La déclaration prescrite par l'article 14 de la loi du 21 octobre 1814, sera conforme à l'inscription portée au livre.

Art. 3. Les dispositions dudit article s'appliquent aux estampes et aux planches gravées, accompagnées d'un texte.

Art. 4. Le nombre d'exemplaires qui doivent être déposés..,.. (Voir l'ordonnance du 9 janvier 1828).

Art. 7. En exécution de l'article 20, les commissaires de polices rechercheront et constateront d'office toutes les contraventions, et ils seront tenus aussi de déférer toutes réquisitions qui leur seront adressées, à cet effet, par les préfets, sous-préfets et maires. Ils enverront dans les vingt-quatre heures tous les procès-verbaux qu'ils auront dressés, à Paris, au directeur-général de la librairie (au ministère de l'intérieur, bureau de la librairie), et dans les départements, aux préfets, qui les feront passer sur le champ au directeur-général (ministère de l'intérieur), seul chargé par l'article 21 de dénoncer les contrevenants aux tribunaux.

Art. 8. Le nombre d'épreuves des estampes, etc., à déposer..... (voir l'ordonnance du 9 janvier 1828.)

Art. 9. Le dépôt ordonné en l'article précédent sera fait à Paris au secrétariat de la direction générale (au bureau de la librairie du ministère de l'intérieur), et dans les départements au secrétariat de la préfecture. Le récépissé détaillé qui en sera délivré à l'auteur formera son titre de propriété, conformément aux dispositions de la loi du 19 juillet 1793.

Art. 10. Toute estampe ou planche gravée, publiée ou mise en vente avant le dépôt constaté par le récépissé, sera saisie par les commissaires de police, qui en dresseront procès-verbal.

Art. 11. Il est défendu de publier aucune estampe et gravure diffamatoire ou contraire aux bonnes mœurs, sous la peine prononcée par le Code pénal, art. 287, (actuellement abrogé et remplaéé par l'article 8 de la loi du 17 mai 1819).

Timbre. — Imprimerie (28 *avril* 1816).

Art. 65. Toutes les affiches, quelqu'en soit l'objet, seront sur papier timbré qui sera fourni par la régie et dont le débit sera soumis aux mêmes règles que celui du papier timbré destiné aux actes. — Conformément à la loi du 28 juillet 1791, ce papier ne pourra être de couleur blanche ; il portera le même filigrane que les autres papiers timbrés. Le prix de la feuille portant 25 décimètres carrés sera de 10 centimes, et celui de la demie-feuille, de 5 centimes.

Art. 68. Il est défendu aux imprimeurs de tirer aucun exemplaire desdites annonces, affiches ou avis sur papier non timbré, sous prétexte de les faire frapper d'un timbre extraordinaire. Une ordonnance déterminera l'époque à laquelle l'approvisionnement de la régie permettra de faire exécuter le présent article.

Art. 69. La contravention d'un imprimeur à ces dispositions sera punie d'une amende de 500 fr. sans préjudice du droit de sa majesté de lui retirer sa commission. — Ceux qui seront convaincus d'avoir ainsi fait afficher et distribuer des imprimés non timbrés seront condamnés à une amende de 100 francs. Les afficheurs et distributeurs seront, en outre, condamnés aux peines de simple police déterminées par l'article 474 du Code pénal. L'amende sera solidaire et emportera contrainte par corps (réduit par l'article 10 de la loi du 16 juin 1824).

Art. 76. Le recouvrement des droits de timbre et des amendes de contraventions y relatives sera poursuivi par voie de contrainte, et en cas d'oppositions les instances seront instruites et jugées selon les formes prescrites par les lois des 22 frimaire an VII, et 27 ventôse an IX, sur l'enregistrement. En cas de décès des contrevenants, lesdits droits et amendes seront dus par leurs successeurs et jouiront soit dans les successions, soit dans les faillites ou tout autre cas, du privilège des contributions directes.

Timbre. Finances (25 mars 1817).

Art. 76. Les ouvrages périodiques relatifs aux sciences et arts, ne paraissant qu'une fois par mois ou à des intervalles plus éloignés, et contenant au moins deux feuilles d'impression, sont exempts de timbre.

—Seront également exempts, les annonces, prospectus et catalogues de librairie.

Art. 77. Les particuliers qui voudrait se servir pour affiches, avis ou annonces, d'autre papier que celui de l'administration de l'enregistrement, seront admis à le faire timbrer avant l'impression. La contravention à la disposition de l'article 65, de la loi du 20 avril 1816, qui défend de se servir pour affiches de papier de couleur blanche, sera punie d'une amende de 100 francs à la charge de l'imprimeur, qui sera toujours tenu d'indiquer son nom et sa demeure au bas de l'affiche.

Loi relative aux douanes (27-29 *mars* 1817.

Art. 1er. Les marchandises ci-après dénommées, paieront à l'entrée du royaume savoir :

Cartes géographiques : le double du droit sur le papier blanc.

Gravures, par les seuls bureaux du Hâvre, Calais, Strasbourg et Pont-de-Beauvoisin, 100 kilos droit actuel, plus la valeur, 5 p. 100.

Caractères d'imprimerie hors d'usage, 100 kilos, 10 p. 100.

Livres par les seuls bureaux de Valenciennes, Strasbourg, Pont-de-Beauvoisin, Bayonne et Calais, imprimés à l'étranger en langues mortes ou étrangères, 100 kilos, 10 p. 100, en langues françaises : les mémoires scientifiques, 100 kilos, 50 p. 100 ; ouvrages publiés, 100 p. 100, réimpressions légales d'ouvrages publiés, en France, 150 p. 100, contrefaçons prohibées.

Livres imprimés en France et réimportés dans les cinq ans, sauf examen préalable de la demande, 100 kilos, 1 p. 100.

Ces droits tiendront lieu de tous ceux perçus jusqu'à ce jour, et seront affectés aux dépenses de la surveillance spéciale de la librairie. Les livres devant acquitter moins de 150 francs, seront emballés séparément par espèce. Une ordonnance règlera les formalités à observer pour l'introduction des livres venant de l'étranger et pour leur vérification.

Art. 2. L'article 7 de la loi du 28 avril dernier (titre douanes), s'appliquera aux droits-ci-dessus, et généralement à tous droits d'entrée sur les marchandises venant de l'étranger.

Ordonnance (8 *octobre* 1817).

Art. 1er. Nul ne sera imprimeur lithographe, s'il n'est breveté et assermenté.

Art. 2. Toutes les impressions lithographiques seront soumises à la déclaration et au dépôt avant la publication comme tous les autres ouvrages d'imprimerie.

15 *mai* 1818.

Art. 83. L'exemption du timbre portée en l'article 76 de la loi du 25 mars 1817, en faveur des annonces, prospectus et catalogues de librairie, est étendue aux annonces, prospectus et catalogues d'objets relatifs aux sciences et arts.

LOI SUR LA RÉPRESSION DES CRIMES ET DÉLITS COMMIS PAR LA VOIE DE LA PRESSE OU PAR TOUT AUTRE MOYEN DE PUBLICATION.

Du 17 mai 1819.

CHAPITRE I. — *De la Provocation aux crimes et délits.*

Art. 1. Quiconque, soit par des discours, des cris ou des menaces proférés dans des lieux ou réunions publics, soit par des écrits, des imprimés, des dessins, des gravures, des peintures ou emblèmes, vendus ou distribués, mis en vente ou exposés dans des lieux ou réunions publics, soit par des placards et affiches exposés aux regards du public, aura provoqué l'auteur ou les auteurs, de toute action qualifiée crime ou délit, à la commettre, sera réputé complice et puni comme tel.

2. Quiconque aura, par l'un des moyens énoncés en l'article 1er, provoqué à commettre un ou plusieurs crimes, sans que ladite provocation ait été suivie d'aucun effet, sera puni d'un emprisonnement qui ne

pourra être de moins de trois mois ni excéder cinq années, et une amende qui ne pourra être au dessous de 50 francs ni excéder 6,000 francs.

3. Quiconque aura, par l'un des mêmes moyens, provoqué à commettre un ou plusieurs délits, sans que ladite provocation ait été suivie d'aucun effet, sera puni d'un emprisonnement de trois jours à deux années, et d'une amende de 30 francs à 4,000 francs; ou de l'une de ces deux peines seulement, selon les circonstances, sauf les cas dans lesquels la loi prononcerait une peine moins grave contre l'auteur même du délit, laquelle sera alors appliquée au provocateur.

4. Abrogé.

5. Abrogé.

6. La provocation par l'un des mêmes moyens, à la désobéissance aux lois, sera également punie des peines portées en l'article 3.

7. Il n'est point dérogé aux lois qui punissent la provocation et la complicité résultant de tous actes, autres que les faits de publication prévus par la présente loi.

CHAP. II. — *Des Outrages à la morale publique et religieuse, ou aux bonnes mœurs.*

8. Tout outrage à la morale publique et religieuse, ou aux bonnes mœurs, par l'un des moyens énoncés en l'article 1er, sera puni d'un emprisonnement d'un mois à un an, et d'une amende de 16 francs à 500 francs.

CHAP. III.

9. Abrogé.

CHAP. IV. — *Des Offenses publiques envers les membres de la famille royale, les chambres, les souverains et les chefs des gouvernements étrangers.*

10. Abrogé.

11. L'offense, par l'un des mêmes moyens envers les chambres ou l'une d'elles, sera punie d'un empri-

sonnement d'un mois à trois ans, et d'une amende de 100 francs à 5,000 francs.

12. L'offense, par l'un des mêmes moyens, envers la personne des souverains ou envers celle des chefs des gouvernements étrangers, sera punie d'un emprisonnement d'un mois à trois ans, et d'une amende de 100 francs à 5,000 francs.

CHAP. V. — *De la Diffamation et de l'Injure publiques.*

13. Toute allégation ou imputation d'un fait qui porte atteinte à l'honneur ou à la considération de la personne ou du corps auquel le fait imputé, est une diffamation.

Toute expression outrageante, terme de mépris ou invective, qui ne renferme l'imputation d'aucun fait, est une injure.

14. La diffamation et l'injure commises par l'un des moyens énoncés en l'art. 1er de la présente loi, seront punies d'après les distinctions suivantes.

15. La diffamation ou l'injure envers les cours, tribunaux ou autres corps constitués, sera punie d'un emprisonnement de quinze jours à deux ans, et d'une amende de 50 francs à 4,000 francs.

16. La diffamation envers tout dépositaire ou agent de l'autorité publique, pour des faits relatifs à ses fonctions, sera punie d'un emprisonnement de huit jours à dix-huit mois, et d'une amende de 50 francs à 3,000 francs.

L'emprisonnement et l'amende pourront, dans ce cas, être infligés cumulativement ou séparément, selon les circonstances.

17. La diffamation envers les ambassadeurs, ministres plénipotentiaires, envoyés, chargés d'affaires ou autres agents diplomatiques, accrédités près du roi, sera punie d'un emprisonnement de huit jours à dix-huit mois, et d'une amende de 50 francs à 3,000 francs, ou de l'une de ces deux peines seulement, selon les circonstances.

18. La diffamation envers les particuliers sera punie

d'un emprisonnement de cinq jours à un an, et d'une amende de 25 francs à 2,000 francs, ou de l'une de ces deux peines seulement, selon les circonstances.

19. L'injure contre les personnes désignées par les art. 16 et 17 de la présente loi sera punie d'un emprisonnnment de cinq jours à un an, et d'une amende de 25 francs à 2,000 francs, ou de l'une de ces deux peines seulement, selon les circonstances.

L'injure contre les particuliers sera punie d'une amende de 16 francs à 500 francs.

20. Néanmoins, l'injure qui ne renfermerait pas l'imputation d'un vice déterminé, ou qui ne serait pas publique, continuera d'être punie des peines de simple police.

CHAP. VI. — *Dispositions générales.*

21. Ne donneront ouverture à aucune action, les discours tenus dans le sein de l'une des deux chambres, ainsi que les rapports ou toutes autres pièces imprimées par ordre de l'une des deux chambres.

22. Ne donnera lieu à aucune action, le compte fidèle des séances publiques de la chambre des députés, rendu de bonne foi dans les journaux.

23. Ne donneront lieu à aucune action en diffamation ou injures, les discours prononcés ou les écrits produits devant les tribunaux : pourront néanmoins les juges saisis de la cause, en statuant sur le fond, prononcer la suppression des écrits injurieux ou diffamatoires, et condamner qui il appartiendra en des dommages-intérêts.

Les juges pourront aussi, dans le même cas, faire des injonctions aux avocats et officiers ministériels, ou même les suspendre de leurs fonctions.

La durée de cette suspension ne pourra excéder six mois ; en cas de récidive, elle sera d'un an au moins et de cinq ans au plus.

Pourront, toutefois, les faits diffamatoires étrangers à la cause, donner ouverture, soit à l'action publique, soit à l'action civile des parties, lorsqu'elle leur aura été réservée par les tribunaux, et, dans tous les cas, à l'action civile des tiers.

24. Les imprimeurs d'écrits dont les auteurs seraient mis en jugement en vertu de la présente loi, et qui auraient rempli les obligations prescrites par le titre II de la loi du 21 octobre 1814, ne pourront être recherchés pour le simple fait d'impression de ces écrits, à moins qu'ils n'aient agi sciemment, ainsi qu'il est dit à l'art. 60 du Code pénal, qui définit la complicité.

25. En cas de récidive des crimes et délits prévus par la présente loi, il pourra y avoir lieu à l'aggravation de peines prononcées par le chap. IV, livre 1er du Code pénal.

26. Les art. 102, 217, 367, 368, 369, 370, 371, 372, 374, 375, 377 du Code pénal, et la loi du 9 novembre 1815, sont abrogés.

Toutes les autres dispositions du Code pénal, auxquelles il n'est pas dérogé par la présente loi, continueront d'être exécutées.

LOI RELATIVE A LA POURSUITE ET AU JUGEMENT DES CRIMES ET DÉLITS COMMIS PAR LA VOIE EE LA PRESSE OU PAR TOUT AUTRE MOYEN DE PUBLICATION.

Du 26 mai 1819.

Art. 1. La poursuite des crimes et délits commis par la voie de la presse, ou par tout autre moyen de publication, aura lieu d'office, et à la requête du ministère public, sous les modifications suivantes.

2. Dans le cas d'offense envers les chambres ou l'une d'elles, par voie de publication, la poursuite n'aura lieu qu'antant que la chambre qui se croira offensée l'aura autorisée.

3. Dans le cas du même délit contre la personne des souverains et celle des chefs des gouvernements étrangers, la poursuite n'aura lieu que sur la plainte ou à la requête du souverain ou du chef du gouvernement qui se croira offensé.

4. Dans le cas de diffamation ou d'injure coutre les cours, tribunaux, ou autres corps constitués, la poursuite n'aura lieu qu'après une délibération de ces corps, prise en assemblée générale et requérant les poursuites.

5. Dans le cas des mêmes délits contre tout dépositaire ou agent de l'autorité publique, contre tout agent diplomatique étranger, accrédité près du roi, ou contre tout particulier, la poursuite n'aura lieu que sur la plainte de la partie qui se prétendra lésée.

6. La partie publique, dans son réquisitoire, si elle poursuit d'office, ou le plaignant dans sa plainte, seront tenus d'articuler et de qualifier les provocations, attaques, offenses, outrages, faits diffamatoires ou injures, à raison desquels la poursuite est intentée, et ce, à peine de nullité de la poursuite.

7. Immédiatement après avoir reçu le réquisitoire ou la plainte, le juge d'instruction pourra ordonner la saisie des écrits, imprimés, placards, dessins, gravures, peintures, emblèmes ou autres instruments de publication.

L'ordre de saisir et le procès-verbal de saisie seront notifiés, dans les trois jours de ladite saisie, à la personne entre les mains de laquelle la saisie aura été faite, à peine de nullité.

8. Dans les huit jours de ladite notification, le juge d'instruction est tenu de faire son rapport à la chambre du conseil, qui procède ainsi qu'il est dit au Code d'instruction criminelle, livre 1er, chap. IX, sauf les dispositions ci-après.

9. Si la chambre du conseil est unanimement d'avis qu'il n'y ait pas lieu à poursuivre, elle prononce la main-levée de la saisie.

10. Dans le cas contraire, ou dans le cas de pourvoi du procureur du roi ou de la partie civile contre la décision de la chambre du conseil, les pièces sont transmises, sans délai, au procureur général près la cour royale, qui est tenu, dans les cinq jours de la réception, de faire son rapport à la chambre des mises en accusation, laquelle est tenue de prononcer dans les trois jours dudit rapport.

11. A défaut par la chambre du conseil du tribunal de première instance d'avoir prononcé dans les dix jours de la notification du procès-verbal de saisie, la saisie sera de plein droit périmée. Elle le sera également-

ment à défaut par la cour royale d'avoir prononcé sur cette même saisie dans les dix jours du dépôt en son greffe de la requête que la partie saisie est autorisée à présenter à l'appui de son pourvoi contre l'ordonnance de la chambre du conseil. Tous les dépositaires des objets saisis seront tenus de les rendre au propriétaire, sur la simple exhibition du certificat des greffiers respectifs, constatant qu'il n'y a pas eu d'ordonnance ou d'arrêt dans les délais ci-dessus prescrits.

Les greffiers sont tenus de délivrer ce certificat à la première réquisition, sous peine d'une amende de 300 francs, sans préjudice des dommages-intérêts, s'il y a lieu.

Toutes les fois qu'il ne s'agira que d'un simple délit, la péremption de la saisie entraînera celle de l'action publique.

12. Dans le cas où les formalités prescrites par les lois et règlements concernant le dépôt auront été remplies, les poursuites à la requête du ministère public ne pourront être faites que devant les juges du lieu où le dépôt aura été opéré, ou de celui de la résidence du prévenu.

En cas de contravention aux dispositions ci-dessus rappelées concernant le dépôt, les poursuites pourront être faites, soit devant le juge de la résidence du prévenu, soit dans les lieux où les écrits et autres instruments de la publication auront été saisis.

Dans tous les cas, la poursuite à la requête de la partie plaignante pourra être portée devant les juges de son domicile, lorsque la publication y aura été effectuée.

13. Les crimes et délits commis par la voie de la presse ou tout autre moyen de publication, à l'exception de ceux désignés dans l'article suivant, seront renvoyés par la chambre des mises en accusation de la cour royale devant la cour d'assises, pour être jugés à la prochaine session. L'arrêt de renvoi sera de suite notifié au prévenu.

14. Les délits de diffamation verbale ou d'injure verbale contre toute personne, et ceux de diffamation ou

d'injure, par une voie de publication quelconque contre des particuliers, seront jugés par les tribunaux de police correctionnelle, sauf les cas attribués aux tribunaux de simple police.

15. Sont tenues, la chambre du conseil du tribunal de première instance, dans le jugement de mise en prévention, et la chambre des mises en accusation de la cour royale, dans l'arrêt de renvoi devant la cour d'assises, d'articuler et de qualifier les faits à raison desquels lesdits prévention ou renvoi sont prononcés, à peine de nullité desdits jugement ou arrêt.

16. Lorsque la mise en accusation aura été prononcée pour crimes commis par voie de publication, et que l'accusé n'aura pu être saisi, ou qu'il ne se présentera pas, il sera procédé contre lui, ainsi qu'il est prescrit au livre II, titre IV, du Code d'instruction criminelle, chapitre des contumaces.

17. Lorsque le renvoi à la cour d'assises aura été fait pour délit spécifié dans la présente loi, le prévenu, s'il n'est présent au jour fixé pour le jugement par l'ordonnance du président, dûment notifiée audit prévenu ou à son domicile, dix jours au moins avant l'échéance, outre un jour par cinq myriamètres de distance, sera jugé par défaut. La cour statuera sans assistance ni intervention de jurés, tant sur l'action publique que sur l'action civile.

18. Le prévenu pourra former opposition à l'arrêt par défaut dans les dix jours de la notification qui lui en aura été faite ou à son domicile, outre un jour par cinq myriamètres de distance, à charge de notifier son opposition, tant au ministère public qu'à la partie civile.

Le prévenu supportera, sans recours, les frais de l'expédition et de la signification de l'arrêt par défaut et de l'opposition, ainsi que de l'assignation et de la taxe des témoins appelés à l'audience pour le jugement de l'opposition.

19. Dans les cinq jours de la notification de l'opposition, le prévenu devra déposer au greffe une requête tendante à obtenir du président de la cour d'assises

une ordonnance fixant le jour du jugement de l'opposition ; cette ordonnance fixera le jour aux plus prochaines assises, elle sera signifiée, à la requête du ministère public, tant au prévenu qu'au plaignant, avec assignation au jour fixé, dix jours au moins avant l'échéance. Faute par le prévenu de remplir les formalités mises à sa charge par le présent article, ou de comparaître par lui-même, ou par un fondé de pouvoir au jour fixé par l'ordonnance, l'opposition sera réputée non avenue, et l'arrêt par défaut sera définitif.

20. Nul ne sera admis à prouver la vérité des faits diffamatoires, si ce n'est dans le cas d'imputation contre des dépositaires ou agents de l'autorité, ou contre toutes personnes ayant agi dans un caractère public, de faits relatifs à leurs fonctions. Dans ce cas, les faits pourront être prouvés par-devant la cour d'assises, par toutes les voies ordinaires, sauf la preuve contraire par les mêmes voies.

La preuve des faits imputés met l'auteur de l'imputation à l'abri de toute peine, sans préjudice des peines prononcées contre toute injure qui ne serait pas nécessairement dépendante des mêmes faits.

21. Le prévenu qui voudra être admis à prouver la vérité des faits dans le cas prévu par le précédent article, devra, dans les huit jours qui suivront la notification de l'arrêt de renvoi devant la cour d'assises, ou de l'opposition à l'arrêt par défaut rendu contre lui, faire signifier au plaignant :

1° Les faits articulés et qualifiés dans cet arrêt, desquels il entend prouver la vérité ;

2° La copie des pièces ;

3° Les noms, profession et demeure des témoins par lesquels il entend faire sa preuve.

Cette signification contiendra élection de domicile près la Cour d'assises ; le tout à peine d'être déchu de la preuve.

22. Dans les huit jours suivants, le plaignant sera tenu de faire signifier au prévenu, au domicile par lui élu, la copie des pièces, et les noms, profession et demeure des témoins par lesquels il entend faire la

preuve contraire; le tout également sons peine de déchéance.

23. Le plaignant en diffamation ou injure pourra faire entendre des témoins qui attesteront sa moralité: les noms, profession et demeure de ces témoins seront notifiés au prévenu ou à son domicile, un jour au moins avant l'audition.

Le prévenu ne sera point admis à faire entendre des témoins contre la moralité du plaignant.

24. Le plaignant sera tenu, immédiatement après l'arrêt de renvoi, d'élire domicile près la Cour d'assises, et de notifier cette élection au prévenu et au ministère public; à défaut de quoi toutes significations seront faites valablement au plaignant, au greffe de la Cour.

Lorsque le prévenu sera en état d'arrestation, toutes notifications, pour être valables, devront lui être faites à personne.

25. Lorsque les faits imputés seront punissables selon la loi, et qu'il y aura des poursuites commencées à la requête du ministère public, ou que l'auteur de l'imputation aura dénoncé ces faits, il sera, durant l'instruction, sursis à la poursuite et au jugement du délit de diffamation.

26. Tout arrêt de condamnation contre les auteurs ou complices des crimes et délits commis par voie de publication, ordonnera la suppression ou la destruction des objets saisis, ou de tous ceux qui pourront l'être ultérieurement, en tout ou en partie, suivant qu'il y aura lieu pour l'effet de la condamnation.

L'impression et l'affiche de l'arrêt pourront être ordonnées aux frais du condamné.

Ces arrêts seront rendus publics, dans la même forme que les jugements portant déclaration d'absence.

27. Quiconque, après que la condamnation d'un écrit, de dessins ou gravures, sera réputée connue par la publication dans les formes prescrites par l'article précédent, les réimprimera, vendra ou distribuera, subira le *maximum* de la peine qu'aurait pu encourir l'auteur.

28. Toute personne inculpée d'un délit commis par

la voie de la presse, ou par tout autre moyen de publication, contre laquelle il aura été décerné un mandat de dépôt ou d'arrêt, obtiendra sa mise en liberté provisoire moyennant caution. La caution à exiger de l'inculpé ne pourra être supérieure au double du *maximum* de l'amende prononcée par la loi contre le délit qui est imputé.

29. L'action publique contre les crimes et délits commis por la voie de la presse, ou tout autre moyen de publication, se prescrira par six mois révolus, à compter du fait de publication qui donnera lieu à la poursuite.

Pour faire courir cette prescription de six mois, la publication d'un écrit devra être précédée du dépôt, et de la déclaration que l'éditeur entend le publier.

S'il a été fait dans cet intervalle, un acte de poursuite ou d'instruction, l'action publique ne se prescrira qu'après un an, à compter du dernier acte, à l'égard même des personnes qui ne seraient pas impliquées dans ces actes d'instruction ou de poursuite.

Néanmoins, dans le cas d'offenses envers les chambres, le délai ne courra pas dans l'intervalle de leurs sessions.

L'action civile ne se prescrira, dans tous les cas, que par la révolution de trois années, à compter du fait de la publication.

30. Les délits commis par la voie de la presse ou par tout autre moyen de publication, et qui ne seraient point encore jugés, le seront suivant les formes prescrites par la présente loi.

31. La loi du 28 février 1817 est abrogée.

Les dispositions du Code d'instruction criminelle, auxquelles il n'est pas dérogé par la présente loi, continueront d'être exécutées.

LOI RELATIVE A LA PUBLICATION DES JOURNAUX OU ÉCRITS PÉRIODIQUES.

Du 9 juin 1819.

1. Les propriétaires ou éditeurs de tout journal ou écrit périodique, consacré en tout ou en partie aux nou-

velles ou matières politiques, et paraissant, soit à jour fixe, soit par livraisons et irrégulièrement, mais plus d'une fois par mois, seront tenus :

1° De faire une déclaration indiquant le nom au moins d'un propriétaire ou éditeur responsable, sa demeure, et l'imprimerie, dûment autorisée, dans laquelle le journal ou l'écrit périodique doit être imprimé ;

2° De fournir un cautionnement, qui sera, dans les départements de la Seine, de Seine-et-Oise et de Seine-et-Marne, de 10,000 francs de rente pour les journaux quotidiens, et de 5,000 francs de rente pour les journaux ou écrits périodiques paraissant à des termes moins rapprochés ;

Et dans les autres départements, le cautionnement relatif aux journaux quotidiens sera de 2,500 francs de rente dans les villes de cinquante mille âmes et au-dessus, de 1,500 francs de rente dans les villes au-dessous, et de la moitié de ces rentes, pour les journaux ou écrits périodiques qui paraissent à des termes moins rapprochés.

Les cautionnements pourront être également effectués à la caisse des consignations, en y versant le capital de la rente au cours du jour du dépôt. (Abrogé par la loi du 16 juillet 1850)

2. La responsabilité des auteurs ou éditeurs indiqués dans la déclaration s'étendra à tous les articles insérés dans le journal ou écrits périodique, sans préjudice de la solidarité des auteurs ou rédacteurs desdits articles.

3. Le cautionnement sera affecté, par privilége, aux dépens, dommages-intérêts et amendes auxquels les propriétaires ou éditeurs pourront être condamnés : le prélèvement s'opérera dans l'ordre indiqué au présent article. En cas d'insuffisance, il y aura lieu à recours solidaire sur les biens des propriétaires ou éditeurs déclarés responsables du journal ou écrit périodique et des auteurs et rédacteurs des articles condamnés.

4. Les condamnations encourues devant être acquittées et le cautionnement libéré ou complété dans les quinze jours de la notification de l'arrêt ; les quinze

jours révolus sans que la libération ou le complètement ait été opéré, et jusqu'à ce qu'il le soit, le journal ou écrit périodique cessera de paraître.

5. Au moment de la publication de chaque feuille ou livraison du journal ou écrit périodique, il en sera remis, à la préfecture pour les chefs-lieux de département, à la sous-préfecture pour ceux d'arrondissement, et, dans les autres villes, à la mairie, un exemplaire signé d'un propriétaire ou éditeur responsable. (Modifiée par la loi du 18 juillet 1828.

Cette formalité ne pourra ni retarder ni suspendre le départ ou la distribution du journal ou écrit périodique.

6. Quiconque publiera un journal ou écrit périodique sans avoir satisfait aux conditions prescrites par les articles 1, 4 et 5 de la présente loi, sera puni correctionnellement d'un emprisonnement d'un mois à six mois et d'une amende de 200 fr. à 1,200 fr.

7. Les éditeurs de tout journal ou écrit périodique ne pourront rendre compte des séances secrètes des chambres, ou de l'une d'elles, sans leur autorisation.

8. Tout journal sera tenu d'insérer les publications officielles qui lui seront adressées, à cet effet, par le gouvernement, le lendemain du jour de l'envoi de ces pièces, sous la seule condition du paiement des frais d'insertion.

9. Les propriétaires ou éditeurs responsables d'un journal ou écrit périodique, ou auteurs ou rédacteurs d'articles imprimés dans ledit journal ou écrit, prévenus de crimes ou délits pour fait de publication, seront poursuivis et jugés dans les formes et suivant les distinctions prescrites à l'égard de toutes les autres publications.

10. En cas de condamnation, les mêmes peines leur seront appliquées : toutefois les amendes pourront être élevées au double, et en cas de récidive, portées au quadruple, sans préjudice des peines de la récidive prononcées par le Code pénal.

11. Les éditeurs du journal ou écrit périodique seront tenus d'insérer dans l'une des feuilles ou des

livraisons qui paraîtront dans le mois du jugement ou de l'arrêt intervenu contre eux, extrait contenant les motifs et le dispositif dudit jugement ou arrêt.

12. La contravention aux articles 7, 8 et 11 de la présente loi sera punie correctionnellement d'une amende de 100 fr. à 1,000 fr.

13. Les poursuites auxquelles pourront donner lieu les contraventions aux articles 7, 8 et 11 de la présente loi, se prescriront par le laps de trois mois, à compter de la contravention, ou de l'interruption des poursuites, s'il y en a de commencées en temps utile.

LOI SUR LA RÉPRESSION ET LA POURSUITE DES DÉLITS COMMIS PAR LA VOIE DE LA PRESSE OU PAR TOUT AUTRE MOYEN DE PUBLICATION.

Du 25 mars 1822 (Modifiée par la loi du 11 août 1848).

TITRE Ier. — *De la répression.*

1. Quiconque, par l'un des moyens énoncés en l'art. 1er de la loi du 17 mai 1819, aura outragé ou tourné en dérision la religion de l'État, sera puni d'un emprisonnement de trois mois à cinq ans, et d'une amende de 300 fr. à 6,000 fr.

Les mêmes peines seront prononcées contre quiconque aura outragé ou tourné en dérision toute autre religion dont l'établissement est légalement reconnu en France.

2. Abrogé.

3. L'attaque, par l'un de ces moyens, des droits garantis par les articles 5 et 9 de la Charte constitutionnelle, sera punie d'un emprisonnement d'un mois à trois ans, et d'une amende de 100 fr. à 4,000.

4. Quiconque, par l'un des mêmes moyens, aura excité à la haine ou au mépris du gouvernement du roi, sera puni d'un emprisonnement d'un mois à quatre ans, et d'une amende de 150 fr. à 5,000 fr.

La présente disposition ne peut pas porter atteinte aux droits de discussion et de censure des actes des ministres.

5. La diffamation ou l'injure, par l'un des mêmes

moyens, envers les cours, tribunaux, corps constitutionnels, autorités ou administrations publiques, sera punie d'un emprisonnement de quinze jours à deux ans, et d'une amende de 150 fr. à 5,000 fr.

6. L'outrage fait publiquement, d'une manière quelconque, à raison de leurs fonctions ou de leur qualité, soit à un ou plusieurs membres de l'une des deux chambres, soit à un fonctionnaire public, soit enfin à un ministre de la religion de l'Etat ou de l'une des religions dont l'établissement est légalement reconnu en France, sera puni d'un emprisonnement de quinze jours à deux ans, et d'une amende de 100 fr. à 4,000 fr.

Le même délit envers un juré, à raison de ses fonctions, ou envers un témoin à raison de sa déposition, sera puni d'un emprisonnement d'un jour à un an, et d'une amende de 50 fr. à 3,000 fr.

L'outrage fait à un ministre de la religion de l'Etat, ou de l'une des religions légalement reconnues en France, dans l'exercice même de ses fonctions, sera puni des peines portées par l'art. 1er de la présente loi.

Si l'outrage, dans les différents cas prévus par le présent article, a été accompagné d'excès ou violences prévus par le premier paragraphe de l'art. 228 du Code pénal, il sera puni des peines portées audit paragraphe et à l'art. 229, et, en outre, de l'amende portée au premier paragraphe du présent article.

Si l'outrage est accompagné des excès prévus par le second paragraphe de l'art. 228 et par les art. 231, 232 et 233, le coupable sera puni conformément audit Code.

7. L'infidélité et la mauvaise foi dans le compte que rendent les journaux et écrits périodiques des séances des chambres et des audiences, des cours et des tribunaux, seront punies d'une amende de 1,000 fr. à 6,000 fr.

En cas de la récidive, ou lorsque le compte-rendu sera offensant pour l'une ou l'autre des chambres, ou pour l'un des pairs ou des députés, ou injurieux pour la cour, le tribunal, ou l'un des magistrats, des jurés ou des témoins, les éditeurs du journal seront en outre condamnés à un emprisonnement d'un mois à trois ans.

Dans les mêmes cas, il pourra être interdit, pour un temps limité ou pour toujours, aux propriétaires et éditeurs du journal ou écrit périodique condamné, de rendre compte des débats législatifs ou judiciaires. La violation de cette défense sera punie des peines doubles de celles portées au présent article.

8. Seront punis d'un emprisonnement de six jours à deux ans, et d'une amende de 16 fr. à 4,000 fr., tous cris séditieux, publiquement proférés.

9. Seront punis d'un emprisonnement de quinze jours à deux ans, d'une amende de 100 fr. à 4,000 francs :

1° L'enlèvement ou la dégradation des signes publics de l'autorité royale, opérés en haine ou mépris de cette autorité;

2° Le port public de tous signes extérieurs de ralliement non autorisés par le roi ou par des règlements de police;

3° L'exposition dans les lieux ou réunions publics, la distribution ou la mise en vente de tous signes ou symboles destinés à propager l'esprit de rébellion ou à troubler la paix publique.

10. Quiconque par l'un des moyens énoncés en l'article 1er de la loi du 17 mai 1819, aura cherché à troubler la paix publique en excitant le mépris ou la haine des citoyens contre une ou plusieurs classes de personnes, sera puni des peines portées en l'article précédent.

11. Les propriétaires ou éditeurs de tout journal ou écrit périodique seront tenus d'y insérer, dans les trois jours de la réception, ou dans le plus prochain numéro, s'il n'en était pas publié avant l'expiration des trois jours, la réponse de toute personne nommée ou désignée dans le journal ou écrit périodique, sous peine d'une amende de 50 fr. à 500 fr., sans préjudice des autres peines et dommages-intérêts auquel l'article incriminé pourrait donner lieu. Cette insertion sera gratuite, et la réponse pourra avoir le double de la longueur de l'article auquel elle sera faite.

12. Abrogé.

13 L'article 10 de la loi du 9 juin 1819 est commun à toutes les dispositions du présent titre, en tant qu'elles s'appliquent aux propriétaires ou éditeurs d'un journal ou écrit périodique.

14. Dans les cas des délits correctionnels prévus par les premier, second et quatrième paragraphes de l'art. 6, par l'art. 8 et par le premier paragraphe de l'art 9 de la présente loi, les tribunaux pourront appliquer, s'il y a lieu, l'art. 463 du Code pénal.

TITRE II. — *De la poursuite.*

15. Dans le cas d'offense envers les chambres ou l'une d'elles par l'un des moyens énoncés en la loi du 17 mai 1819, la chambre offensée, sur la simple réclamation d'un de ses membres, pourra, si mieux elle n'aime autoriser les poursuites par la voie ordinaire, ordonner que le prévenu sera traduit à sa barre. Après qu'il aura été entendu ou dûment appelé, elle le condamnera, s'il y a lieu, aux peines portées par les lois. La décision sera exécutée sur l'ordre du président de la chambre.

16. Les chambres appliqueront elles-mêmes, conformément à l'article précédent, les dispositions de l'art. 7 relatives au compte-rendu par les journaux de leurs séances.

Les dispositions du même art. 7 relatives au compte-rendu des audiences des cours et tribunaux, seront appliquées directement par les cours et tribunaux qui auront tenu ces audiences.

17. Abrogé.

18. Abrogé.

Imprimerie. — Timbre. (16 *juin* 1824).

Art. 10. Les amendes progressives prononcées dans certains cas contre les fonctionnaires publics et les officiers ministériels, par les lois sur l'enregistrement et le dépôt des répertoires, seront réduites à une seule amende de 10 fr., quelleque soit la durée du retard. — Toutes les amendes fixes prononcées par les lois sur l'enregistrement, le timbre, les ventes publiques de meubles et le notariat ainsi que celles résultant du défaut de mention de patentes dans les actes, et du défaut de consignation des amendes d'appel seront réduites savoir : celles de 500 fr. à 50 fr., celles de 100 fr. à 20 fr., celles de 50 fr. à 5 fr.

Art. 14. La prescription de deux ans établie par le nombre 1er de l'art. 61 de la loi du 12 décembre 1798 (22 frim., an VII), s'appliquera tant aux amendes de contraventions aux dispositions de ladite loi qu'aux amendes pour contraventions aux lois sur le timbre et sur les ventes de meubles, elle courra du jour où les préposés auront été mis à portée de constater les contraventions.

Ordonnance qui réduit le nombre des exemplaires d'écrits, imprimés et d'épreuves, de dessins déposés en vertu de l'ordonnance du 24 *octobre* 1814. (9 *janvier* 1828.)

Art. 1er. Le nombre des exemplairires des écrits imprimés et des épreuves des planches et estampes dont le dépôt est exigé par la loi et qui avait été fixé à 5 par les articles 4 et 8 de l'ordonnance royale du 24 octobre 1814 est réduit, outre l'exemplaire et les deux épreuves destinées à notre bibliothèque royale, conformément à la même ordonnance, à un seul exemplaire et une seule épreuve pour la bibliothèque du ministère de l'intérieur.

Loi sur les journaux et écrits périodiques (18 *juillet* 1828).

Art. 1er. Tout Français majeur jouissant des droits civils, pourra, sans autorisation préalable, publier un journal ou écrit périodique, en se conformant aux dispositions de la présente loi.

Art. 2. Le propriétaire ou les propriétaires de tout journal ou écrit périodique seront tenus, avant sa publication, de fournir un cautionnement. (Suit le taux du cautionnement exigé à cette époque. — Voir art. 1er de la loi du 16 juillet 1850.)

Art. 3. Seront exempts de tout cautionnement : 1° Les journaux ou écrits périodiques qui ne paraissent qu'une fois par mois ou plus rarement ; 2° les journaux ou écrits périodiques exclusivement consacrés soit aux sciences mathématiques, physiques et naturelles, soit aux travaux et recherches d'érudition, soit aux arts mécaniques ou libéraux, c'est-à-dire aux sciences et aux arts dont s'occupent les trois Académies des Sciences, des Inscriptions et des Beaux-Arts de l'Institut royal ; 3° les journaux ou écrits périodiques étrangers aux matières politiques et exclusivement consacrés aux lettres ou à d'autres branches de connaissances non spécifiées précédemment, pourvu qu'ils ne paraissent au plus que deux fois par semaine ; 4° tous les écrits périodiques étrangers aux matières politiques et qui seront publiés dans une langue autre que la langue française ; 5° les feuilles périodiques exclusivement consacrées aux avis, annonces, affiches judiciaires, arrivages maritimes, mercuriales et prix courants. — Toute contravention aux dispositions du présent et du précédent article sera punie conformément à l'art. 6 de la loi du 9 juin 1819.

Art. 4. En cas d'association, la société devra être l'une de celles qui sont définies et régies par le Code de commerce. — Hors le cas où le journal serait publié par une société anonyme, les associés seront tenus de choisir entre eux un, deux ou trois gérants qui, aux termes des art. 22 et 24 du Code de commerce, auront chacun individuellement la signature. — Si l'un des gérants responsables vient à décéder ou à cesser ses fonctions pour une cause quelconque, les propriétaires seront tenus, dans le délai de deux mois, de le remplacer ou de réduire, par un acte revêtu des mêmes formalités que celui de société, le nombre de leur gérant. Ils auront aussi, dans les limites ci-dessus déterminées, le droit d'augmenter ce nombre en remplissant les mêmes formalités. S'ils n'en avaient constitué qu'un seul, ils seront tenus de le remplacer dans les quinze jours qui suivront son décès ; faute par eux de le faire, le journal ou écrit pérodique cessera de paraître, à peine de 1,000 fr. d'amende pour chaque feuille ou livraison qui serait publiée après l'expiration de ce délai.

Art. 5. Les gérants responsables, ou l'un, ou deux d'entre eux surveilleront ou dirigeront par eux-mêmes la rédaction du journal ou écrit périodique. — Chacun des gérants responsables devra avoir les qualités requises par l'art. 980 du Code civil, être propriétaire au moins d'une part ou action dans l'entreprise et posséder en son propre et privé nom, un quart au moins du cautionnement.

Art. 6. Aucun journal ou écrit périodique soumis au cautionnement ne pourra être publié, s'il n'a été fait préalablement une déclaration contenant : 1° le titre du journal ou écrit périodique, et les époques auxquelles il doit paraître ; 2° le nom de tous les propriétaires, autres que les commanditaires, leur demeure, leur part dans l'entreprise ; 3° le nom et la demeure des gérants responsables ; 4° l'affirmation que ces propriétaires réunissent les conditions de capacité prescrites par la loi ; 5° l'indication de l'imprimerie dans laquelle le journal ou écrit périodique devra être imprimé.

Toutes les fois qu'il surviendra quelque mutation, soit dans le titre du journal ou dans les conditions de sa périodicité, soit parmi les propriétaires ou les gérants responsables, il en sera fait déclaration devant l'autorité compétente dans les quinze jours qui suivront la mutation, à la diligence des gérants responsables. En cas de négligence, ils seront punis d'une amende de 500 fr. — Il en sera de même si le journal ou écrit périodique venait à être imprimé dans une autre imprimerie que celle qui a été originairement déclarée. Dans le cas où l'entreprise aurait été formée par une seule personne, le propriétaire, s'il réunit les qualités requises par le § 2 de l'art. 5, sera, en même temps, le gérant responsable du journal. Dans le cas contraire, il sera tenu de présenter un gérant responsable conformément à l'art. 5. — Les journaux exceptés du cautionnement seront tenus de faire la déclaration préalable prescrite par les nos 1, 2 et 5 du premier paragraphe du présent article.

Art. 7. Ces déclarations seront accompagnées du dépôt des pièces justificatives : elles seront signées par chacun des propriétaires du journal ou écrit périodique, ou par le fondé de pouvoir de chacun d'eux. Elles seront reçues à Paris, à la Direction de la librairie, et dans les départements, au secrétariat général de la préfecture.

Art. 8. Chaque numéro de l'écrit périodique sera signé en minute par le propriétaire, s'il est unique; par l'un des gérants responsables, si l'écrit périodique est publié par une société en nom collectif ou en commandite, et par l'un des administrateurs s'il est publié par une société anonyme. — L'exemplaire signé pour minute sera, au moment de la publication, déposé au parquet du procureur du roi du lieu de l'impression, ou à la mairie, dans les villes où il n'y a pas de tribunal de première instance, à peine de 500 fr. d'amende contre le gérant. Il sera donné récépissé du dépôt. — La signature sera imprimée au bas de tous les exemplaires, à peine de 500 fr. d'amende contre l'imprimeur, sans que la révocation du brevet puisse s'en suivre. — Les signataires de chaque feuille ou livraison seront responsables de son contenu et passibles de toutes les peines portées par la loi, à raison de la publication des articles ou passages incriminés, sans préjudice de la poursuite contre l'auteur ou les auteurs desdits articles ou passages, comme complices. En conséquence, les poursuites judiciaires pourront être dirigées tant contre les signataires des feuilles ou livraisons que contre l'auteur ou les auteurs des passages incriminés, si ces auteurs peuvent être connus ou mis en cause.

Art. 9. Actuellement inutile. Cet article accordait un délai aux journalistes, afin de se conformer à la présente loi.

Art. 10. En cas de contestation sur la régularité ou la sincérité de la déclaration prescrite par l'art. 6 et des pièces à l'appui, il sera statué par les tribunaux à la diligence du préfet, sur mémoire, sommairement et sans frais, la partie ou son défenseur, et le ministère public entendus. — Si le journal n'a point encore paru, il sera sursis à la publication jusqu'au jugement à intervenir, lequel sera exécutoire nonobstant appel.

Art. 11. Si la déclaration prescrite par l'art. 6 est reconnue fausse et frauduleuse, en quelqu'une de ses parties, le journal cessera de paraître. Les auteurs de la déclaration seront punis d'une amende dont le *minimum* sera d'une somme égale au dixième et le *maximum* d'une somme égale à la moitié du cautionnement.

12. Dans le cas où le journal ou écrit périodique est établi et publié par un seul propriétaire, si ce propriétaire vient à mourir, sa veuve ou ses héritiers auront un délai de trois mois pour présenter un gérant responsable; *ce gérant devra être propriétaire d'immeubles*. . . . . (Cette partie est abrogée implicitement par la loi du 16 juillet 1850.) — Le gérant, que la veuve ou les héritiers seront admis à présenter, devra réunir les conditions requises par l'article 980 du Code civil. — Dans les dix jours du décès, la veuve ou les héritiers seront tenus de présenter un rédacteur qui sera responsable du journal jusqu'à ce que le gérant soit accepté. — Le cautionnement du propriétaire décédé demeurera affecté à la gestion.

Art. 13. Les condamnations pécuniaires prononcées soit contre les signataires responsables ou les auteurs des passages incriminés, seront prélevées : 1° sur la portion du cautionnement appartenant en propre aux signataires responsables; 2° sur le reste du cautionnement dans le cas où celle-ci serait insuffisante, sans préjudice pour le surplus des règles établies par les art. 3 et 4 de la loi du 9 juin 1819.

Art. 14. Les amendes autres que celles portées par la présente loi, qui auront été encourues pour délit de publication par la voie d'un journal ou écrit périodique, ne seront jamais moindre du double du *minimum* fixé par les lois relatives à la répression des délits de la presse.

Art. 15. En cas de récidive par le même gérant, et

dans les cas prévus par l'art. 68 du Code pénal, indépendamment des dispositions de l'art. 10 de la loi du 9 juin 1819, les tribunaux pourront, suivant la gravité du délit, prononcer la suspension du journal ou écrit périodique pour un temps qui ne pourra excéder deux mois ni être moindre de dix jours. — Pendant ce temps le cautionnement continuera à demeurer en dépôt à la caisse des consignations, et il ne pourra recevoir une autre destination. (Voir art. 15 de la loi du 27 juillet 1849.)

Art. 16. Dans les procès qui ont pour objet la diffamation, si les tribunaux ordonnent aux termes de l'art. 55 de la Charte, que les débats auront lieu à huis-clos, les journaux ne pourront, à peine de 2,000 fr. d'amende, publier les faits de diffamation, ni donner l'extrait des mémoires ou écrits quelconques qui les contiendraient. — Dans toutes les affaires civiles ou criminelles où un huis-clos aura été ordonné, ils ne pourront, sous la même peine, publier que le prononcé du jugement.

Art. 17. Lorsqu'aux termes du dernier paragraphe de l'art. 23 de la loi du 17 mai 1819 les tribunaux auront, pour les faits diffamatoires étrangers à la cause, réservé soit l'action publique, soit l'action civile des parties, les journaux ne pourront, sous la même peine, publier ces faits ni donner l'extrait des mémoires qui les contiendraient.

Art. 18. La loi du 17 mars 1822, relative à la police des journaux ou écrits périodiques est abrogée.

ORDONNANCE CONTENANT LA SUPPRESSION DES INSPECTEURS DE LA LIBRAIRIE.

13 septembre 1829.

Art. 1er. Les quatre inspecteurs de la librairie actuellement existants à Paris sont supprimés.

Art. 2. Les commissaires de police, dans toute l'étendue du royaume, sont et demeurent investis des attributions légales que les inspecteurs de la librairie avaient reçues de l'article 45 du décret du 5 février 1810, de l'article 20 de la loi du 21 octobre 1814 et de l'art. 7 de l'ordonnance royale du 24 octobre, même année.

LOI SUR L'APPLICATION DU JURY AUX DÉLITS DE LA PRESSE ET AUX DÉLITS POLITIQUES.

8 octobre 1830.

Art. 1er. La connaissance de tous les délits commis soit par la voie de la presse, soit par tous autres moyens énoncés en l'art. 1er de la loi du 17 mai 1819 est attribué aux Cours d'assises.

Art. 2. Sont exceptés les cas prévus par l'article 14 de la loi du 26 mai 1819.

Art. 3. Sont pareillement exceptés les cas où les chambres, cours et tribunaux jugeraient à propos d'user des droits qui leur sont attribués par les articles 15 et 16 de la loi du 25 mars 1822.

Art. 4. La poursuite des délits mentionnés en l'article 1er de la présente loi aura lieu d'office à la requête du ministère public en se conformant aux dispositions des lois des 26 mai et 9 juin 1819.

Art. 5. Les articles 12, 17 et 18 de la loi du 25 mars 1822 sont abrogés.

Art. 6. La connaissance des délits politques est pareillement attribuée aux cours d'assises.

Art. 7. Sont réputés politiques les délits prévus : 1° par les chapitres 1er et 2 du titre Ier du livre III du Code pénal ; 2° par les paragraphes 2 et 4 de la section III et par la section VII du chapitre III des mêmes livre et titre ; 3° par l'art. 9 de la loi du 25 mars 1822.

Art 8. Les délits mentionnés dans la présente loi qui ne seraient pas encore jugés le seront suivant les formes qu'elle prescrit.

LOI SUR LES AFFICHEURS ET CRIEURS PUBLICS.

10 décembre 1830.

Art. 1er. Aucun écrit, soit à la main, soit imprimé, gravé ou lithographié, contenant des nouvelles politiques ou traitant d'objets politiques ne pourra être affiché ou placardé dans les rues, places ou autres lieux publics. Sont exceptés de la présente disposition les actes de l'autorité publique

Art. 2. Quiconque voudra exercer, même temporairement, la profession d'afficheur ou crieur, de vendeur ou distributeur, sur la voie publique, d'écrits imprimés, lithographiés, gravés ou à la main, sera tenu d'en faire préalablement la déclaration devant l'autorité municipale et d'indiquer son domicile.

Le crieur ou afficheur devra renouveler cette déclaration chaque fois qu'il changera de domicile (1).

Art. 3. Les journaux, feuilles quotidiennes ou périodiques, les jugements et autres actes d'une autorité constituée, ne pourront être annoncés dans les rues, places et autres lieux publics, autrement que par leur titre.

Aucun écrit imprimé, lithographié, gravé ou à la main, ne pourra être crié sur la voie publique qu'après que le crieur ou distributeur aura fait connaître à l'autorité municipale le titre sous lequel il veut l'annoncer et qu'après avoir remis à cette autorité un exemplaire de cet écrit.

Art. 4. La vente ou distribution de faux extraits de jugements et actes de l'autorité publique est défendue et sera punie des peines ci-après.

Art. 5. L'infraction aux dispositions des art. 1er et 4 de la présente loi sera punie d'une amende de 25 à 500 fr. et d'un emprisonnement de 6 jours à un mois, cumulativement ou séparément.

L'auteur ou l'imprimeur des faux extraits défendus par l'article ci-dessus sera puni du double de la peine infligée au crieur vendeur, ou distributeur de faux extraits.

Les peines prononcées par le présent article seront appliquées sans préjudice des autres peines qui pourraient être encourues par suite des crimes et délits résultant de la nature même de l'écrit.

Art. 6. La connaissance des délits punis par le pré-

(1) Implicitement abrogé par la loi du 16 février 1834, excepté pour les *afficheurs*.

cédent article est attribuée aux cours d'assises. Ces délits seront poursuivis conformément aux dispositions de l'art. 4 de la loi du 8 octobre 1830.

Art. 7. Toute infraction aux art. 2 et 3 de la présente loi sera punie par la voie ordinaire de police correctionnelle, d'une amende de 25 à 200 fr. et d'un emprisonnement de 6 jours à un mois, cumulativement ou séparément.

Art. 8. Dans les cas prévus par la présente loi, les cours d'assises et les tribunaux correctionnels pourront applipuer l'art. 463 du Code pénal si les circonstances leur paraissent atténuantes et si le préjudice n'excède pas 25 francs.

Art. 9. La loi du 5 nivôse an V, relative aux crieurs publics et l'art. 290 du Code pénal seront abrogés.

LOI SUR LE CAUTIONNEMENT QUE DOIT POSSÉDER LE GÉRANT.

14 décembre 1830.

Art. 1er. Si un journal paraît. . . . . le cautionnement sera égal . . . . le gérant responsable du journal devra posséder en son propre et privé nom la totalité du cautionnement. S'il y a plusieurs gérants responsables ils devront posséder en leur propre et privé nom et par portions égales la totalité du cautionnement. Il est accordé un délai etc. (1).

LOI SUR LA PROCÉDURE EN MATIÈRES DE DÉLITS DE LA PRESSE, D'AFFICHAGE ET DE CRIAGE PUBLIC.

8 avril 1831.

Art. 1er. Le ministère public aura la faculté de saisir les cours d'assises de la connaissance des délits commis par la voie de la presse ou par les autres moyens de publication énoncés en l'art. 1er de la loi du 17 mai 1819, en vertu de la citation donnée directement au prévenu.

(1) Abrogé par la loi du 7 septembre 1835.

La même faculté existera au cas de poursuites contre les afficheurs et crieurs publics en exécution des articles 5 et 6 de la loi du 10 décembre 1830.

Art. 2. Le ministère public adressera son réquisitoire au président de la Cour d'assises pour obtenir indication du jour auquel le prévenu sera sommé de comparaître.

Il sera tenu d'articuler et de qualifier les provocations, attaques, offenses, outrages, faits diffamatoires ou injures, à raison desquels la poursuite est intentée, et ce, à peine de nullité de la poursuite. — Le président fixera le jour de la comparution devant la Cour d'assises et commettra l'huissier qui sera chargé de la notification.

La notification du réquisitoire et de l'ordonnance du président sera faite au prévenu dix jours au moins avant celui de la comparution, outre un jour par cinq myriamètres de distance.

Si le prévenu ne comparaît pas au jour indiquée, il sera jugé par défaut : la Cour statuera sans assistance ni intervention de jurés, tant sur l'action publique que sur l'action civile.

Art. 3. Le prévenu pourra former opposition à l'arrêt par défaut dans les cinq jours de la notification qui en aura éte faite à sa personne ou à son domicile, outre un jour par cinq myriamètres de distance, à charge de notifier son opposition tant au ministère public qu'à la partie civile.

Le prévenu supportera sans recours les frais de l'expédition de la signification de l'arrêt par défaut et de l'opposition ainsi que de l'assignation et de la taxe des témoins appelés à l'audience pour le jugement de l'opposition.

Art. 4. Dans les cinq jours de la notification de l'opposition, le prévenu devra déposer au greffe une requête tendant à obtenir du président de la Cour d'assises une ordonnance fixant le jour du jugement de l'opposition ; elle sera signifiée à la requête du ministère public tant au prévenu qu'au plaignant avec assignation au jour fixé cinq jours au moins avant l'échéance. Faute par le prévenu de remplir les formalités mises à sa charge par le présent article ou de comparaître par lui-même au jour fixé par l'ordonnance, l'opposition sera réputée non avenue et l'arrêt par défaut sera définitif.

Art. 5. Dans le cas de saisie autorisée par l'art. 7 de la loi du 26 mai 1819, les formes et délais prescrits par cette loi seront observés (1).

LOI SUR LES CRIEURS PUBLICS, VENDEURS, DISTRIBUTEURS ET CHANTEURS (2).

16 février 1834.

Art. 1er. Nul ne pourra exercer, même temporairement, la profession de crieur, de vendeur ou de distributeur sur la voie publique, d'écrits, dessins ou emblèmes, imprimés, lithographiés, autographiés, moulés, gravés ou à la main, sans autorisation préalable de l'autorité municipale (3). Cette autorisation pourra être retirée. — Les dispositions ci-dessus sont applicables aux chanteurs sur la voie publique.

Art. 2. Toute contravention à la disposition ci-dessus, sera punie d'un emprisonnement de six jours à deux mois pour la première fois, et de deux mois à un an en cas de récidive. Les contrevenants seront traduits devant les tribunaux correctionnels qui pourront, dans tous les cas, appliquer les dispositions de l'art. 463 du Code pénal.

FINANCES. — LOI.

16 juillet 1840.

Art. 3. Sont et demeurent aborogés, à partir du 1er janvier 1841, les dispositions de l'article 56 de la loi du 9 vendémiaire an VI, et de l'art. 1er du 2 floréal suivant qui assujettissaient au timbre les œuvres de musique.

(1) Cette loi est abrogée, quant à la presse, et n'est actuellement applicable qu'en ce qui concerne l'affichage.

(2) Cette loi ne concerne pas les afficheurs, qui restent soumis exclusivement à la loi du 10 décembre 1830.

(3) Cette 1re partie est remplacée par la loi du 27 juillet 1848 (art. 6).

Les dispositions de l'art. 76 de la loi du 25 mars 1817 et de l'art. 21 de la loi du 14 décembre 1830, continueront d'être appliquées aux journaux et écrits périodiques consacrés à l'art musical.

Art. 4. A dater du 1er janvier prochain, le timbre cessera d'être exigé des écrits périodiques consacrés à l'agriculture, lors même qu'ils paraîtront plus d'une fois par mois, pourvu qu'ils restent étrangers à la politique.

LOI DES DOUANES. — LIBRAIRIE.

6 mai 1841.

Art. 8. Les contrefaçons en librairie seront exclues du transit accordé aux marchandises prohibées par l'art. 3 de la loi du 9 février 1832.

Tous les livres en langue française dont la propriété est établie à l'étranger, ou qui sont une édition étrangère d'ouvrages français tombés dans le domaine public, continueront de jouir du transit et seront reçus à l'importation en acquittant les droits établis et sous la condition de produire un certificat d'origine relatant le titre de l'ouvrage, le lieu et la date de l'impression, le nombre des volumes, lesquels devront être brochés ou reliés et ne pourront être présentés en feuilles.

LIBRAIRIE.

Ordonnance relative à l'importation et au transit de la librairie (13 *décembre* 1842).

Art 1er. Le certificat d'origine prescrit par l'art. 8 de la loi du 6 mai 1841, et sous la garantie duquel jouiront du transit et seront reçus à l'importation les livres en langue française dont la propriété est établie à l'étranger, ou qui seront une édition étrangère d'ouvrages français tombés dans le domaine public, sera souscrit par l'expéditeur, confirmé et dûment légalisé par l'autorité administrative du lieu de l'expédition. — Il sera placé dans les colis au-dessus des livres auxquels il se rapportera et de manière à être facilement aperçu.

2. Les livrs en langue française imprimés à l'étranger, les dessins, gravures, lithographies et estampes avec ou sans texte ne pourront entrer, soit pour l'acquittement des droits, soit pour le transit, que par les seuls bureaux de douane de Lille, Valenciennes, Strasbourg, les Rousses, Pont-de-Beauvoisin, Marseille, Bayonne, le Havre et Bastia.

3. Seront ouverts à l'importation et au transit de la librairie en langues mortes et étrangères, tous les bureaux ci-dessus et ceux de Dunkerque, Halluin et Baisieux, Blanc-Misseron, Forbach, Sierk, Wissembourg, Saint-Louis, Verrière-de-Joux, Bellegarde, Chapareillan, Perpignan, le Perthus, Behobie, Bordeaux, Nantes, Caen, Rouen, Boulogne, Calais, Ajaccio.

4. Pourront être importés par ces derniers bureaux quelle que soit la langue dans laquelle ils auront été imprimés, les livres destinés pour Paris, et les dessins, gravures, lithographies et estampes ayant la même destination : ils seront, après simple reconnaissance sommaire aux bureaux frontières, dirigés, sous double plomb et par acquit-à-caution, sur les bureaux du ministère de l'intérieur où les colis les renfermant ne seront ouverts et vérifiés qu'en présence des employés des douanes délégués à cet effet. Ceux-ci signeront, conjointement avec les agents du ministère de l'intérieur, les certificats de vérification.

L'enlèvement des livres, dessins, gravures, lithographies et estampes ne sera permis qu'après que les droits auront été payés ou garantis.

5. Les dispositions des 3 articles précédents sont applicables, en ce qui concerne les restrictions d'entrée et les expéditions sur Paris, aux livres qui auront été exportés de France, et dont la réimportation à défaut de vente à l'étranger aura été autorisée par le ministre de l'intérieur.

Ces livres ne seront admissibles, sous les conditions énoncées dans la loi précitée, que s'ils sont brochés ou reliés.

6. La demande en réimportation des livres spécifiés dans l'article qui précède, fera connaître le nom et la

résidence de l'expéditeur, ainsi que le bureau de douanes par lequel l'introduction aura lieu ; elle sera accompagnée d'une liste certifiée par le pétitionnaire et indiquant 1° le titre des ouvrages ; 2° le nom de l'auteur, s'il est connu ; 3° le nom et la demeure de l'éditeur ; 4° le nom et la demeure de l'imprimeur ; 5° la date de l'impression ; 6° le format ; 7° le nombre d'exemplaires.

Les livres servant d'échantillon pourront être réimportés sans autorisation préalable, lorsqu'ils auront été estampillés à la douane de sortie et qu'il n'en sera présenté à la réimportation qu'un seul exemplaire de chaque espèce.

7. Les dispositions de l'art. 1er de la loi du 27 mars 1817, d'après lesquelles les livres qui sont taxés à moins de 150 fr. par 100 kilogrammes, doivent être emballés séparément par espèce, seront dorénavant entendues en ce sens qu'on permettra la réunion de plusieurs espèces dans le même colis, pourvu que chacune d'elles fasse l'objet d'une division bien tranchée : en cas de mélange, le droit le plus élevé sera exigé sur le tout.

Les livres présentés au transit devront, s'ils se composent de plusieurs espèces, être également emballés conformément à cette disposition, à défaut de quoi ils seront refusés.

8. Les contrefaçons en librairie, exclues du transit par la loi du 6 mai 1841, ne pourront être reçues dans les entrepôts.

9. Il sera établi, par les soins du département de l'intérieur, dans chaque bureau-frontière ouvert à l'entrée de la librairie en langue française, un agent spécial, chargé de procéder, conjointement avec les préposés des douanes, à la vérification des livres venant de l'étranger : cet agent délivrera un certificat de ses opérations.

Décret relatif au jugement des délits commis par la voie de la presse, ou par tout autre moyen de publication contre les fonctionnaires ou contre tout citoyen revêtu d'un caractère public (22 mars 1848).

Art. 1er. Les tribunaux civils sont incompétents pour connaître des diffamations, injures ou autres attaques, dirigées par la voie de la presse ou par tout autre moyen de publication contre les fonctionnaires ou contre tout citoyen revêtu d'un caractère public, à raison de leurs fonctions ou de leur qualité. Ils renverront devant qui de droit toute action en dommages-intérêts fondée sur des faits de cette nature.

Art. 2. L'action civile résultant des délits commis par la voie de la presse ou par toute autre voie de publication contre les fontionnaires ou contre tout citoyen revêtu d'un caractère public, ne pourra, dans aucun cas, être poursuivi séparément de l'action publique (1).

Colonies. — Décret du 2 mai 1848.

Art. 1er. La censure des journaux et autres écrits confiée à l'autorité administrative par les art. 44 et 120, § 49 de l'ordonnance organique du 9 février 1827, est abolie.

A l'avenir tous les journaux pourront être imprimés et publiés sans autorisation préalable et ne pourront être suspendus ou révoqués administrativement.

Tous écrits non condamnés par les tribunaux pourront être librement introduits dans les colonies.

Art. 2. Sont exécutoires aux colonies jusqu'à ce qu'il ait été statué par l'Assemblée nationale et sous les modifications résultant des décrets du gouvernement

(1) La jurisprudence de la Cour de cassation, depuis les lois de septembre jusqu'à la révolution de févier, avait établi une division contre l'action publique et l'action civile. — Le fonctionnaire public était libre de n'intenter qu'une action en dommages-intérêts, triste résultat de l'intervention de la politique dans la justice.

provisoire, les lois et ordonnances concernant la police de la presse et de l'imprimerie, la répression et la poursuite des crimes, délits ou contraventions commis par la voie de la presse ou autres moyens de publication de journaux ou écrits périodiques.

Art. 3. Néanmoins les dispositions des lois incompatibles avec l'organisation judiciaire actuelle des colonies resteront sans effet. Les Cours d'appel jugeant correctionnellement connaîtront des simples contraventions. Les Cours d'assises composées, conformément à l'art. 67 de l'ordonnance du 24 septembre 1828, connaîtront de tous les crimes et délits commis par la voie de la presse ou tous autres moyens de publication. L'art. 176 de l'ordonnance du 24 septembre 1828 est abrogé.

Seront aptes à faire partie du collége des assesseurs tous citoyens éligibles à l'assemblée nationale.

Decret relatif à la répression des crimes et délits commis par la voie de la presse (*14 août* 1848).

Les lois des 17 mai 1819 et 25 mars 1822, sont modifiées ainsi qu'il suit :

Art. 1er. Toute attaque par l'un des moyens énoncés en l'art 1er de la loi du 17 mai 1819 contre les droits et l'autorité de l'Assemblée nationale, contre les droits et l'autorité que les membres du pouvoir exécutif tiennent des décrets de l'Assemblée, contre les institutions républicaines et la Constitution, contre le principe de la souveraineté du peuple et du suffrage universel, sera punie d'un emprisonnement de trois mois à cinq ans, et d'une amende de 300 fr. à 6.000 fr.

Art. 2. L'offense par l'un des moyens énoncés en l'art. 1er de la loi du 17 mai 1819 envers l'Assemblée nationale sera punie d'un emprisonnement d'un mois à trois ans, et d'une amende de 100 fr. à 5,000 fr.

Art. 3. L'attaque par l'un de ces moyens contre la liberté des cultes, le principe de la propriété et les droits de la famille sera punie d'un emprisonnement d'un mois à trois ans, et d'une amende de 100 fr. à 4,000 fr.

Art. 4. Quiconque, par l'un des moyens énoncés en l'art. 1er de la loi du 17 mai 1819, aura excité à la haine ou au mépris du gouvernement de la République, sera puni d'un emprisonnement d'un mois à quatre ans, et d'une amende de 150 fr. à 5,000 fr.

La présente disposition ne peut porter atteinte au droit de discussion et de censure des actes du pouvoir exécutif et des ministres.

Art. 5. L'outrage fait publiquement, d'une manière quelconque à raison de leurs fonctions ou de leur qualité, soit à un ou plusieurs membres de l'Assemblée nationale, soit à un ministre de l'un des cultes qui reçoivent un salaire de l'Etat, sera puni d'un emprisonnement de quinze jours à deux ans, et d'une amende de 100 fr. à 4,000 fr.

Art. 6 Seront punis d'un emprisonnement de quinze jours à deux ans, et d'une amende de 100 fr. à 4,000 francs :

1° L'enlèvement ou la dégradation de signes publics de l'autorité du gouvernement républicain, opéré en haine ou mépris de cette autorité ;

2° Le port public de tous signes extérieurs de ralliement non autorisés par la loi ou par des règlements de police ;

3° L'exposition dans des lieux ou réunions publics, la distribution ou la mise en vente de tous signes ou symboles propres à propager l'esprit de rébellion ou à troubler la paix publique.

Art. 7. Quiconque, par l'un des moyens énoncés en l'art. 1er de la loi du 17 mai 1819 aura cherché à troubler la paix publique en excitant le mépris ou la haine des citoyens les uns contre les autres, sera puni des peines portées en l'article précédent.

Art. 8. L'article 463 du Code pénal est applicable aux délits de la presse.

LOI DU 27 JUILLET 1849.

CHAPITRE Ier. — *Délits commis par la voie de la presse ou par toute autre voie de publication.*

Art. 1er. Les articles 1 et 2 du décret du 11 août

1848 sont applicables aux attaques contre les droits et l'autorité que le président de la République tient de la Constitution, et aux offenses envers sa personne.

La poursuite sera exercée d'office par le ministère public.

Art. 2. Toute provocation par l'un des moyens énoncés en l'article 1er de la loi du 17 mai 1819, adressée aux militaires des armées de terre et de mer, dans le but de les détourner de leurs devoirs militaires et de l'obéissance qu'ils doivent à leurs chefs, sera punie d'un emprisonnement d'un mois à deux ans, d'une amende de 25 francs à 4,000 francs, sans préjudice des peines plus graves prononcées par la loi, lorsque le fait constituera une tentative d'embauchage ou une provocation à une action qualifiée crime ou délit.

Art. 3. Toute attaque par l'un des mêmes moyens contre le respect dû aux lois et à l'inviolabilité des droits qu'elles ont consacrés, toute apologie de faits qualifiés crimes ou délits par la loi pénale sera punie d'un emprisonnement d'un mois à deux ans, et d'une amende de 16 francs à 1,000 francs.

Art. 4. La publication ou reproduction, faite de mauvaise foi, de nouvelles fausses, de pièces fabriquées, falsifiées ou mensongèrement attribuées à des tiers, lorsque ces nouvelles ou pièces seront de nature à troubler la paix publique, sera punie d'un emprisonnement d'un mois à un an, et d'une amende de 50 francs à 1,000 francs.

Art. 5. Il est interdit d'ouvrir ou annoncer publiquement des souscriptions ayant pour objet d'indemniser des amendes, frais, dommages et intérêts prononcés par des condamnations judiciaires. La contravention sera punie par le tribunal correctionnel d'un emprisonnement d'un mois à un an, et d'une amende de 500 francs à 1,000 francs.

Art. 6. Tous distributeurs ou colporteurs de livres, écrits, brochures, gravures et lithographies, devront être pourvus d'une autorisation qui leur sera délivrée, pour le département de la Seine, par le préfet de police, et pour les autres départements par les préfets.

Ces autorisations pourront toujours être retirées par les autorités qui les auront délivrées.

Les contrevenants seront condamnés par les tribunaux correctionnels à un emprisonnement d'un mois à six mois, et d'une amende de 25 francs à 500 francs, sans préjudice des poursuites qui pourraient être dirigées pour crimes ou délits, soit contre les auteurs ou éditeurs de ces écrits, soit contre les distributeurs ou colporteurs eux-mêmes.

Art. 7. Indépendamment du dépôt prescrit par la loi du 21 octobre 1814, tous écrits traitant de matières politiques ou d'économie sociale, et ayant moins de dix feuilles d'impression, autre que les journaux ou écrits périodiques, devront être déposés par l'imprimeur, au parquet du procureur de la République du lieu de l'impression, vingt-quatre heures avant toute publication ou distribution.

L'imprimeur devra déclarer, au moment du dépôt, le nombre d'exemplaires qu'il aura tirés.

Il sera donné récépissé de la déclaration.

Toute contravention aux dispositions du présent article sera punie par le tribunal de police correctionnelle d'une amende de 100 francs à 500 francs.

CHAP. II. — *Dispositons relatives aux journaux et écrits périodiques.*

Art. 8. Le décret du 9 août 1848, relatif au cautionnement des journaux et écrits périodiques est prorogé jusqu'à la promulgation de la loi sur la presse.

Art. 9. Aucun journal ou écrit périodique ne pourra être signé par un représentant du peuple en qualité de gérant responsable. En cas de contravention, le journal sera considéré comme non signé, et la peine de 500 francs à 3,000 francs d'amende sera prononcée contre les imprimeurs et propriétaires.

Art. 10. Il est interdit de publier les actes d'accusation et aucun acte de procédure criminelle avant qu'ils aient été lus en audience publique, sous peine d'amende de 100 francs à 2,000 francs.

En cas de récidive commise dans l'année, l'amende

pourra être portée au double, et le coupable condamné à un emprisonnement de dix jours à six mois.

Art. 11. Il est interdit de rendre compte des procès pour outrages ou injures, et des procès en diffamation, où la preuve des faits diffamatoires n'est pas admise par la loi.

La plainte pourra seulement être annoncée sur la demande du plaignant. Dans tous les cas, le jugement pourra être publié.

Il est interdit de publier les noms des jurés, excepté dans le compte-rendu de l'audience où le jury aura été constitué;

De rendre compte des délibérations intérieures, soit des jurés, soit des cours et tribunaux.

L'infraction à ces dispositions sera punie d'une amende 200 francs à 3,000 francs.

En cas de récidive commise dans l'année, la peine pourra être portée au double.

Art. 12. Les infractions aux dispositions des deux articles précédents seront poursuivies devant les tribunaux de police correctionnelle.

Art. 13. Tout gérant sera tenu d'insérer en tête du journal les documents officiels, relations authentiques, renseignements et rectifications qui lui seront adressés par tout dépositaire de l'autorité publique. La publication devra avoir lieu le lendemain de la réception des pièces, sous la seule condition du paiement des frais d'insertion. Toute autre insertion réclamée par le gouvernement, par l'intermédiaire des préfets, sera faite de la même manière, sous la même condition, dans le numéro qui suivra le jour de la réception des pièces. Les contrevenants seront punis, par les tribunaux de police correctionnelle, d'une amende de 50 francs à 500 francs.

L'insertion sera gratuite pour les réponses et rectifications prévues par l'article 11 de la loi du 25 mars 1822, lorsqu'elles ne dépasseront pas le double de la longueur des articles qui les auront provoquées; dans le cas contraire, le prix d'insertion sera dû pour le surplus seulement.

Art. 14. En cas de condamnation du gérant pour crime, délit ou contravention de la presse, la publication du journal ou écrit périodique ne pourra avoir lieu, pendant toute la durée des peines d'emprisonnement et d'interdiction des droits civiques et civils, que par un autre gérant remplissant toutes les conditions exigées par la loi. Si le journal n'a qu'un gérant, les propriétaires auront un mois pour en présenter un nouveau, et, dans l'intervalle, ils seront tenus de désigner un rédacteur responsable. Le cautionnement entier demeurera affecté à cette responsabilité.

Art. 15. La suspension autorisée par l'article 15 de la loi du 18 juillet 1828 pourra être prononcée par les Cours d'assises toutes les fois qu'une deuxième ou ultérieure condamnation pour crime ou délit sera encourue, dans la même année, par le même gérant ou par le même journal.

La suspension pourra être prononcée, même par un premier arrêt de condamnation, lorsque cette condamnation sera encourue pour provocation à l'un des crimes prévus par les articles 87 et 91 du Code pénal.

Dans ce dernier cas, l'article 28 de la loi du 26 mai 1819 cessera d'être applicable.

CHAP. III. — *De la poursuite.*

Art. 16. Le ministère public aura la faculté de faire citer directement à trois jours, outre un jour par cinq myriamètres de distance, les prévenus devant la Cour d'assises, même après qu'il y aura eu saisie.

La citation contiendra l'indication précise de l'écrit ou des écrits, des imprimés, placards, dessins, gravures, peintures, médailles ou emblèmes incriminés, ainsi que l'articulation et la qualification des délits qui ont donné lieu à la poursuite.

Dans le cas où une saisie aurait été ordonnée ou exécutée, copie de l'ordonnance ou du procès-verbal de ladite saisie sera notifiée au prévenu en tête de la citation, à peine de nullité.

Art. 17. Si le prévenu ne comparait pas au jour fixé

par la citation, il sera jugé par défaut par la Cour d'assises, sans assistance ni intervention des jurés.

L'opposition à l'arrêt par défaut devra être formée dans les trois jours de la signification à personne ou à domicile, outre un jour par cinq myriamètres de distance, à peine de nullité.

L'opposition emportera de plein droit citation à la première audience.

Si à l'audience où il doit être statué sur l'opposition, le prévenu n'est pas psésent, le nouvel arrêt rendu par la Cour sera définitif.

Art. 18. Toute demande en renvoi, pour quelque cause que ce soit, tout incident sur la procédure suivie, devront être présentés avant l'appel et le tirage au sort des jurés, à peine de forclusion.

Art. 19. Après l'appel et le tirage au sort des jurés, le prévenu, s'il a été présent à ces opérations, ne pourra plus faire défaut.

En conséquence, tout arrêt qui interviendra, soit sur la forme, soit sur le fond, sera définitif, quand bien même le prévenu se retirerait de l'audience et refuserait de se défendre. Dans ce cas, il sera procédé avec le concours du jury, et comme si le prévenu était présent.

Art. 20. Aucun pourvoi en cassation sur les arrêts qui auront statué, soit sur les demandes en renvoi, soit sur les incidents de procédure, ne pourra être formé qu'après l'arrêt définitif, et en même temps que le pourvoi contre cet arrêt, à peine de nullité.

Art. 21. Le pourvoi en cassation devra être formé dans les vingt-quatre heures au greffe de la Cour d'assises ; vingt-quatre heures après, les pièces seront envoyées à la Cour de cassation ; l'affaire sera instruite et jugée d'urgence, toutes autres affaires cessantes.

Art. 22. Si, au moment où le ministère public exerce son action, la session de la Cour d'assises est terminée, et s'il ne doit pas s'en ouvrir d'autre à une époque rapprochée, il pourra être formé une Cour d'assises extraordinaire par ordonnance motivée du premier président. Cette ordonnance prescrira le tirage au sort des jurés, conformément à la loi.

Les dispositions de l'article 81 du décret du 6 juillet 1810 seront applicables aux Cours d'assises extraordinaires formées en exécution du paragraphe précédent.

Art. 23. L'article 463 du Code pénal est applicable aux délits prévus par la présente loi.

Lorsque, en matière de délits, le jury aura déclaré l'existence des circonstances atténuantes, la peine ne s'élèvera jamais au-dessus de la moitié du maximum déterminé par la loi.

LOI SUR LE CAUTIONNEMENT DES JOURNAUX ET LE TIMBRE DES ÉCRITS PÉRIODIQUES ET NON PÉRIODIQUES.

16 juillet 1850.

TITRE PREMIER. — *Du Cautionnement.*

Art. 1er. Les propriétaires de journaux ou écrits périodiques politiques seront tenus de verser au Trésor un cautionnement en numéraire dont l'intérêt sera payé au taux réglé pour les cautionnements.

Pour les départements de la Seine, de Seine-et-Oise, de Seine-et-Marne et du Rhône, le cautionnement des journaux est fixé comme suit :

Si le journal ou écrit périodique paraît plus de trois fois par semaine, soit à jour fixe, soit par livraisons irrégulières, le cautionnement sera de vingt-quatre mille francs.

Le cautionnement sera de dix-huit mille francs si le journal ne paraît que trois fois par semaine ou à des intervalles plus éloignés.

Dans les villes de cinquante mille âmes et au-dessus, le cautionnement des journaux paraissant plus de cinq fois par semaine sera de six mille francs. Il sera de trois mille six cents francs dans les autres départements, et respectivement de la moitié de ces deux sommes pour les journaux et écrits périodiques paraissant cinq fois par semaine ou à des intervalles plus éloignés.

Art. 2. Il est accordé aux propriétaires des journaux ou écrits périodiques politiques, actuellement existants, un délai d'un mois, à compter de la promulgation de la présente loi, pour se conformer aux dispositions qui précèdent.

Art. 3. Toute article de discussion politique, philosophique ou religieuse, inséré dans un journal, devra être signé par son auteur, sous peine d'une amende de 500 francs pour la première contravention, et 1,000 francs en cas de récidive.

Toute fausse signature sera punie d'une amende de 1,000 francs et d'un emprisonnement de six mois, tant contre l'auteur de la fausse signature que contre l'auteur de l'article et l'éditeur responsable du journal.

Art. 4. Les dispositions de l'article précédent seront applicables à tous les articles, quelle que soit leur étendue, publiés dans des feuilles politiques ou non politiques, dans lesquels seront discutés des actes ou opinions des citoyens, et des intérêts individuels ou collectifs.

Art. 5. Lorsque le gérant d'un journal ou écrit périodique paraissant dans les départements autres que ceux de la Seine, de Seine-et-Oise, de Seine-et-Marne ou du Rhône, aura été renvoyé devant la Cour d'assises par un arrêt de mise en accusation pour crime ou délit de presse, si un nouvel arrêt de mise en accusation intervient contre les gérants de la même publication avant la décision définitive de la Cour d'assises, une somme égale à la moitié du maximum des amendes édictées par la loi, pour le fait nouvellement incriminé, devra être consignée dans les trois jours de la notification de chaque arrêt, et nonobstant tout pourvoi en cassation.

En aucun cas, le montant des consignations ne pourra dépassser un chiffre égal à celui du cautionnement.

Art. 6. Dans les trois jours de tout arrêt de condamnation pour crime ou délit de presse, le gérant du journal devra acquitter le montant des condamnations qu'il aura encourues.

En cas de pourvoi en cassation, le montant des condamnations sera consigné dans le même délai.

Art. 7. La consignation ou le paiement prescrit par les articles précédents sera constatée par une quittance délivrée en duplicata par le receveur des domaines.

Cette quittance sera, le quatrième jour au plus tard, soit de l'arrêt rendu par la Cour d'assises, soit de la notification de l'arrêt de la chambre des mises en accusation, remise au procureur de la République, qui en donnera récépissé.

Art. 8. Faute par le gérant d'avoir remis la quittance dans les délais ci-dessus fixés, le journal cessera de paraître, sous les peines portées contre tout journal publié sans cautionnement.

Art. 9. Les peines pécuniaires prononcées pour crimes et délits par les lois sur la presse et autres moyens de publication ne se confondront pas entre elles, et seront toutes intégralement subies. lorsque les faits qui y donneront lieu seront postérieurs à la première poursuite.

Art. 10. Pendant les vingt jours qui précéderont les élections, les circulaires et professions de foi signées des candidats pourront, après dépôt au parquet du procureur de la République, être affichées et distribuées sans autorisation de l'autorité municipale.

Art. 11. Les dispositions des lois des 9 juin 1819 et 18 juillet 1828 qui ne sont pas contraires à la présente loi, continueront à être exécutées

La loi du 9 août 1848 et celle du 21 avril 1849 sont abrogées.

TITRE II. — *Du Timbre.*

Art. 12. A partir du 1er août prochain, les journaux ou écrits périodiques, ou les recueils périodiques de gravures ou lithographies politiques, de moins de dix feuilles de vingt-cinq à trente-deux décimètres carrés, ou de moins de cinq feuilles de cinquante à soixante et douze décimètres carrés, seront soumis à un droit de timbre.

Ce droit sera de cinq centimes par feuille de soixante et douze décimètres carrés et au-dessous, dans les départements de la Seine et de Seine-et-Oise, et de deux centimes pour les journaux gravures ou écrits périodiques publiés partout ailleurs.

Art. 13. Les écrits non périodiques traitant de matières politiques ou d'économie sociale qui ne sont pas actuellement en cours de publication, ou qui, antérieurement à la présente loi, ne sont pas tombés dans le domaine public, s'ils sont publiés en une ou deux livraisons ayant moins de trois feuilles d'impression de vingt-cinq à trente-deux décimètres carrés, seront soumis à un droit de timbre de cinq centimes.

Par chaque dix décimètres carrés ou fraction en sus, il sera perçu un centime et demi.

Cette disposition est applicable aux écrits périodiques publiés à l'étranger, lesquels seront, à l'importation, soumis aux droits de timbre fixés pour ceux publiés en France.

Art. 14. Tout roman-feuilleton publié dans un journal ou dans son supplément sera soumis à un timbre de un centime par numéro.

Ce droit ne sera que d'un demi-centime pour les journaux des départements autres que ceux de la Seine et de Seine-et-Oise.

Art. 15. Le timbre servira d'affranchissement au profit des éditeurs de journaux et écrits, savoir : celui de cinq centimes pour le transport et la distribution sur tout le territoire de la République;

Celui de deux centimes pour le transport des journaux et écrits périodiques dans l'intérieur du département (autre que ceux de la Seine et de Seine-et-Oise où ils sont publiés, et dans les départements limitrophes.

Les journaux ou écrits seront transportés et distribués par le service ordinaire de l'administration des postes.

Art. 16. Les journaux ou écrits périodiques frappés du timbre de deux centimes devront, pour être transportés et distribués hors des limites déterminées par le troisième paragraphe de l'article précédent, payer un supplément du prix de trois centimes.

Ce supplément de prix sera acquitté au bureau de poste du départ, et le journal sera frappé d'un timbre constatant l'acquittement de ce droit.

Art. 17. L'affranchissement résultant du timbre ne sera valable, pour les journaux et écrits périodiques, que pour le jour et pour le départ du lieu de leur publication.

Pour les autres écrits, il ne sera également valable que pour un seul transport, et le timbre sera maculé au départ par les soins de l'administration.

Toutefois, les éditeurs de journaux ou écrits périodiques auront le droit d'envoyer en franchise à tout abonné, avec la feuille du jour, les numéros publiés depuis moins de trois mois.

Art. 18. Un supplément qui n'excédera pas soixante et douze décimètres carrés, publiés par les journaux qui paraissent plus de deux fois par semaine, sera exempt de timbre, sous la condition qu'il sera uniquement consacré aux nouvelles politiques, aux débats de l'Assemblée nationale et des tribunaux, à la reproduction et à la discussion des actes du gouvernement.

Les suppléments du *Moniteur universel*, quel que soit leur nombre, seront exempts de timbre.

Art. 19. Quiconque, autre que l'éditeur, voudra faire transporter un journal ou écrit par la poste sera tenu d'en payer l'affranchissement à raison de cinq centimes ou de deux centimes par feuilles, selon les cas prévus par la présente loi.

Le journal sera frappé au départ d'un timbre indiquant cet affranchissement.

A défaut de cet affranchissement, le journal sera, à l'arrivée, taxé comme lettre simple.

Art. 20. Une remise de un pour cent sur le timbre sera accordée aux éditeurs de journaux et d'écrits périodiques pour déchets de maculature.

Il sera fait remise d'un centime par feuille de journal qui sera transportée et distribuée aux frais de l'éditeur dans l'intérieur de la ville, et, en outre, à Paris, dans l'intérieur de la petite banlieue.

Les conditions à observer pour jouir de cette remise seront fixées par un arrêté du ministre des finances.

Art. 21. Un règlement déterminera le mode d'apposition du timbre sur les journaux ou écrits, la place où devra être indiqué le jour de leur publication, le mode de pliage, enfin les conditions à observer pour la remise à la poste des journaux ou écrits, par les éditeurs qui voudront profiter de l'affranchissement.

Art. 22. Les recueils ou écrits périodiques qui étaient dispensés du timbre avant le décret du 4 mars 1848, continueront à jouir de cette exemption.

Art. 23. Les préposés de l'enregistrement, les officiers de police judiciaire et les agents de la force publique sont autorisés à saisir ceux de ces journaux ou écrits qui seraient en contravention, sauf à constater cette saisie par des procès-verbaux dont la signification sera faite aux contrevenants dsns le délai de trois jours.

Art. 24. Pour les journaux, gravures ou écrits périodiques, chaque contravention aux dispositions de la présente loi sera punie, indépendamment de la restitution des droits frustrés, d'une amende de cinquante francs pour chaque feuille ou fraction de feuille non timbrée. L'amende sera de cent francs en cas de récidive.

Pour les autres écrits, chaque contravention sera punie, indépendamment de la restitution des droits frustrés, d'une amende égale au double desdits droits, sans que, dans aucun cas, cette amende puisse être moindre de deux cents francs.

Les auteurs, éditeurs, gérants, imprimeurs et distributeurs desdits journaux ou écrits soumis au timbre, seront solidairement tenus de l'amende, sauf leur recours les uns contre les autres.

Art. 25. Le recouvrement des droits de timbre et des amendes de contravention sera poursuivi, et les instances instruites et jugées conformément à l'art. 76 de la loi du 28 avril 1816.

Dispositions transitoires.

Art. 26. Le droit de timbre afférent aux abonnements contractés avant la promulgation de la présente loi sera remboursé aux propriétaires de journaux ou écrits périodiques.

Un règlement déterminera le délai et la forme des réclamations, ainsi que les justifications à produire.

Cette dépense sera imputée sur le crédit alloué au chap. LXX du budget des finances, concernant les remboursements sur produits indirects et divers.

Un crédit supplémentaire de trente-cinq mille francs, sur l'exercice 1850, est ouvert au ministre des finances pour l'exécution de la présente loi.

Art. 27. Il est accordé aux journaux actuellement existants, pour se conformer aux conditions imposées par les articles 3 et 4, un délai de deux mois, à partir du jour de la promulgation de la présente loi.

Le ministre des finances est autorisé à tenir compte aux éditeurs de journaux du prix du timbre pour les feuilles timbrées avant le décret du 4 mars 1848 et qui n'ont pas été employées.

Art. 28. Sont affranchis du cautionnement et du timbre tous journaux ou publications imprimés en France, en langues étrangères, mais destinés à être publiés et distribués dans les pays étrangers.

DÉCRET POUR L'EXÉCUTION DU TITRE 2 DE LA LOI DU 16 JUILLET 1850 SUR LE TIMBRE.

27 juillet 1850.

Art. 1er. Il sera établi pour l'exécution des art. 12, 13 et 20 de la loi du 16 juillet 1850 des timbres de 6, 5, 4 centimes, de 2 centimes et demi, de 2 centimes et de 1 centime, indiquant dans l'écusson le montant du droit. Ces timbres seront conformes au dessin des timbres actuels et le mot *Seine* sera inséré dans l'exergue de ceux destinés à l'atelier général, à Paris.

Les timbres destinés à constater qu'il a été fait aux éditeurs la remise de 1 centime autorisée par le second alinéa de l'art. 20 de la loi du 16 juillet seront apposés à l'encre rouge.

L'administration de l'enregistrement et des domaines fera déposer aux greffes des cours et tribunaux des empreintes de ces nouveaux timbres sur papiers filigrane.

Il sera dressé, sans frais, procès-verbal de chaque dépôt.

Art. 2. En attendant la confection de ces nouveaux timbres, l'administration emploiera, pour la perception des droits établis par la loi du 16 juillet, les timbres existants.

Art. 3. Le timbre des papiers destinés à l'impression des journaux ou écrits que les éditeurs doivent remettre à la poste, ainsi que le prévoit l'art. 21 de la loi du 16 juillet, sera appliqué à droite et à l'angle supérieur de la feuille déployée.

Le timbre ne pourra être couvert d'impression. La feuille devra être imprimée et pliée de manière que le timbre et l'indication du jour de la publication se trouvent sur la partie extérieure du dernier pli et complètement en évidence.

Les autres conditions à observer pour la remise à la poste des journaux ou écrits par les éditeurs qui voudront profiter de l'affranchissement seront déterminées par des arrêtés de directeur de l'administration des postes.

Faute d'accomplissement de ces conditions, les journaux et écrits seront refusés aux bureaux de la poste.

LOI SUR LA PRESSE DANS LES COLONIES.

7 août 1850.

TITRE Ier. — *Dispositions générales.*

Art. 1er. Les lois et ordonnances qui font l'objet de l'art. 2, du décret du 2 mai 1848, et les lois du 10 décembre 1830, du 11 août 1848 et du 27 juillet 1849, sur l'affichage et sur la presse, continueront à être exécutées ou seront exécutoires dans les colonies de la

Martinique, de la Guadeloupe et dépendances, de l'île de la Réunion et de la Guyane française, sous les modifications suivantes :

TITRE II. — *De la répression des délits et crimes commis par la voie de la presse ou par toute autre voie de publication.*

Art. 2. La reproduction par voie de publication, dans les colonies, des articles des journaux ou écrits périodiques, et de tous autres écrits, publiés dans la métropole, pourra être poursuivie et punie en vertu de la présente loi, comme si la première publication en avait eu lieu dans la colonie.

Art. 3. La provocation directe ou indirecte au rétablissement de l'esclavage, l'excitation au mépris ou à la haine entre les classes de la population coloniale, l'excitation à la résistance contre l'autorité métropolitaine, commises par l'un des moyens énoncés en l'art. 1er de la loi du 17 mai 1819 ; l'outrage fait publiquement d'une manière quelconque, au représentant du gouvernement métropolitain ; la publication, la reproduction ou la propagation faite de mauvaise foi de nouvelles fausses, impliquant le rétablissement de l'esclavage, seront poursuivis d'office et punis de trois mois à deux ans d'emprisonnement et d'une amende de 500 fr. à 4,000 fr., sans préjudice de peines plus graves pour tous autres crimes et délits prévus par les lois.

Art. 4. Seront poursuivis en vertu de la présente loi et punis des peines portées en l'art. 3, ceux qui auront, avec connaissance, publié ou distribué dans les colonies, des journaux ou écrits périodiques, imprimés dans la métropole ou à l'étranger, qui contiendront l'un des délits prévus par ledit article.

Art. 5. Dans le cas où une feuille périodique compromettrait gravement l'ordre public, le gouverneneur pourra, par arrêté motivé et sous sa responsabilité, en suspendre la publication pour un mois au plus. Il rendra immédiatement compte de cette mesure au gouvernement.

Art. 6. Si, nonobstant la suspension, le journal ou écrit périodique continue de paraître, cette infraction sera punie correctionnellement des mêmes peines que s'il avait paru sans cautionnement.

Art. 7. L'art. 463 du Code pénal est applicable aux délits prévus par les articles 2, 3, 4 et 6 de la présente loi.

TITRE III. — *Dispositions diverses.*

ART. 8. La juridiction correctionnelle continuera de connaître des délits de diffamation verbale ou d'injure verbale contre toute personne, et de ceux de diffamation et d'injure, par voie de publication quelconque, contre les particuliers, sur la plainte de la partie lésée, après instruction ou sur citation directe, au jour indiqué par ordonnance du président, sauf les cas attribués aux tribunaux de simple police.

Art. 9. Le décret du 2 mai 1848 cessera d'avoir ses effets dans les établissements coloniaux, autres que ceux énumérés en l'art. 1er ; ces établissements seront de nouveau soumis à la législation qui les régissait avant ledit décret. Les lois relatives aux écrits non périodiques et à la police de l'imprimerie, de la librairie, de l'affichage et de la vente ou distribution des écrits ou imprimés, pourront être rendus en tout ou partie applicables à ces établissements, par des règlements d'administration publique.

DIVISION DE L'OUVRAGE.

LIVRE PREMIER.

DE LA PRESSE PÉRIODIQUE.

LIVRE II.

DES CRIMES ET DÉLITS COMMIS PAR LA VOIE DE LA PRESSE ET PAR TOUT AUTRE MOYEN DE PUBLICATION.

LIVRE III.

DES POURSUITES ET DE L'EXÉCUTION DES JUGEMENTS ET CONDAMNATIONS.

LIVRE IV.

IMPRIMERIE, LIBRAIRIE, AFFICHAGE, COLPORTAGE.

TABLE DU COMMENTAIRE.

A

B

C

D

E

F

G

H

I

J

L

M

N

O

P

R

FIN DE LA TABLE.

MONTMARTRE
IMP. PILLOY FRÈRES ET COMP.
Boulevard Pigale, 50.

www.ingramcontent.com/pod-product-compliance
Ingram Content Group UK Ltd.
Pitfield, Milton Keynes, MK11 3LW, UK
UKHW031840260826
14628UKWH00001B/500

9 782014 020564